AI와 중장년 커리어 전환

AI문고

인공지능 시대입니다. 기계가 인간의 인지를 대신하고, 사물이 인간을 통하지 않고 다른 사물과 직접 커뮤니케이션합니다. 이에 따른 인간 삶과 문명 변화를 정확히 이해·예측·대응하는 것은 이 시대 우리 모두의 과제입니다. AI문고는 인공지능 기술과 환경의 여러 주제를 10가지 키워드로 정리합니다. 관련 개념과 이론, 학계와 산업계의 쟁점, 우리 일상의 변화를 다룹니다. 인간과 기술의 현재, 미래를 세심히 분석합니다.

일러두기

- 인명, 작품명, 저서명, 개념어 등은 한글과 함께 괄호 안에 해당 국가의 원어를 병기했습니다.
- 외래어 표기는 현행 어문규정의 외래어표기법을 따랐습니다.

처음이세요?

전문가세요?

AI와 중장년 커리어 전환

위영은·임창현

대한민국, 서울, 커뮤니케이션북스, 2025

AI와 중장년 커리어 전환

지은이 위영은·임창현
펴낸이 박영률

초판 1쇄 펴낸날 2025년 8월 19일

커뮤니케이션북스(주)
출판 등록 2007년 8월 17일 제313-2007-000166호
02880 서울시 성북구 성북로 5-11
전화(02) 7474 001, 팩스(02) 736 5047
commbooks@commbooks.com
www.commbooks.com

ISBN 979-11-430-0732-2 03500

책값은 뒤표지에 표시되어 있습니다.

차례

AI 시대, 삶의 전환 앞에서 다시 커리어를 디자인하다 xi

01 기술의 진화, 더 불안해진 미래 1
02 AI 시대를 살아가는 중장년의 현실 11
03 AI가 바꾸는 일터 환경 21
04 AI 시대, 중장년 커리어 전환의 의미 31
05 중장년 시기, 새로운 정체성을 디자인하다 43
06 함께하는 커리어 전환, 사회적 지지를 확보하라 55
07 새로운 생산 자산으로서의 전문성 확장 65
08 사회적 네트워크 연결을 통한 기회 창출 73
09 액션 퍼스트, 실행에서 시작되는 전환 83
10 새로운 사회 생태계 디자인 91

AI 시대, 삶의 전환 앞에서 다시 커리어를 디자인하다

기술의 약속과 인간의 불안

AI는 인류 역사상 가장 강력한 기술 진보로 여겨지고 있다. 인간의 언어를 이해하고 대화할 수 있으며, 사람을 대신해 코딩을 하고, 심지어 복잡한 전략적 의사 결정까지 지원하는 AI의 능력은 매일 뉴스를 장식하고 있다. AI는 이미 일상에서 삶의 일부가 되었고, AI를 통한 업무 속도는 압도적으로 빨라지고 있으며, 이로 인해 생산성의 기준도 새롭게 쓰이고 있다.

하지만 기술의 약속이 커질수록 인간의 불안도 깊어지고 있다. 2025년 5월, 마이크로소프트는 AI와 클라우드 사업 투자를 대대적으로 확대하는 동시에 수천 명의 직원을 구조 조정했다. 특정 부서나 영역에 제한 없이 전방위적이었을 뿐 아니라, AI를 활용함으로써 중간 관리자를 줄일 수 있음을 보여 주었다. 새로운 기술의 전환이 장기적으로 더 많은 기회를 가져오지만, 그 전환의 과정에서 사람들은 어렵고 힘든 전환 비용을 치른다. 특히 주된 직장의 퇴직을 앞두거나, 이미 퇴직 후 새로운 커리어를 고민하는 중장년에게는 더욱더 도전적인 현실이다.

AI가 도입된 지금은, 과거의 경험과 전문성이 더는 이전과 같은 방식으로 자산이 되지 않는다. 이로 인해 사람들은 단지 "자신의 일이 사라질까"를 걱정하는 것이 아니라, 더 근본적인 질문 앞에 설 수밖에 없다. "나는 앞으로도 일할 수 있는 사람인가?" "나는 어떤 방식으로 존재할 수 있는가?" AI 시대의 전환은 기술의 문제가 아니다. 존재의 문제다.

중장년, 구조가 사라진 세대

20세기 후반의 산업 사회를 살아온 중장년에게 '커리어'는 비교적 선명한 삶의 구조를 가지고 있었다. 나름의 성장 경로가 있었고, 경력이 쌓이고 직급이 올라갈수록 자연스럽게 사회적 역할과 소득이 증가했다. '경력'은 곧 '존재'였고, 일은 삶의 중심이었다. 그러나 지금, 그 구조는 사라졌다. 그 누구도 선명한 미래를 보장받지 못하는 시대, 커리어는 이제 개인이 설계하고 개척해야 할 프로젝트가 되었다.

AI 시대로의 전환은 중장년에게 기존 커리어를 넘어, 새로운 일과 삶의 방향을 찾아야 하는, 전환이 필요하다는 것을 보여 준다. 문제는 이 전환의 과정이 그저 친절하게 다가오지 않는다는 점이다. 중장년의 커리어 전환은 단순한 '재취업'이나 '재도약'이 아니라, 삶의 조건 자체가 바뀌는 전환기에 해당하며, 그래서 가장 복잡하고 낯선 길목에 서 있다.

실행을 통해 정체성은 다시 구성된다

많은 중장년이 말한다. "생각은 많은데, 어디서부터 시작해야 할지 모르겠다." 바로 이 지점이 핵심이다. 중장년 커리어 전환의 진짜 어려움은 정보 부족이나 역량의 문제가 아니라, '실행의 두려움'과 '실패에 대한 자기 검열'이다. 하지만 AI 시대의 전환은, 준비가 완벽한 사람에게 기회가 주어진다기보다, 시도하는 사람, 움직이는 사람, 작게라도 행동하는 사람에게 기회가 열려 있다.

AI 시대 중장년 커리어 전환

이 책은 AI 시대, 중장년의 삶의 전환 앞에서 다시 커리어를 디자인하기 위한 의미를 이해하고 새로운 커리어 전환을 위해 시도할 수 있는 원칙과 세부 실천 내용을 담았다.

1장 '기술의 진화, 더 불안해진 미래'에서는 AI 시대 중장년 커리어 전환의 불가피성과 준비의 필요성에 대해 제시했다. 기술은 눈부시게 진화하고 있지만, 중장년의 삶은 오히려 더 불안해지고 있다. AI는 단순 반복 업무를 넘어 전문 영역까지 빠르게 대체하며, 과거의 경험과 경력은 이제 경쟁력이 되지 않는다. 결국 지금 필요한 것은 '변화에 대한 인식'이 아니라 '변화에 대한 실질적 준비'이기 때문이다.

2장 'AI 시대를 살아가는 중장년의 현실'은 중장년이 직면한 일자리 현실과 기술 변화의 충격을 직시하며, 커리어 전환이 더는 선택이 아닌 생존의 과제임을 강조한다. 중장년의 커리어 전환이 어려운 이유는 단지 나이 때문이 아니라, 두려움이라는 정서적 장애물 때문이다.

3장 'AI가 바꾸는 일터 환경'는 일터의 구조가 빠르게 재편되며, 고정된 직무 대신에 과업과 스킬을 중심으로 평가가 이루어지는 변화 양상을 조망한다. 특히 중장년에게는 AI와의 협업이 일상화된 환경에서 기존 경력의 유효성에 대한 의문과 무능감, 실패 경험 등이 복합적으로 작용하며 전환을 어렵게 만들 수 있음을 지적하고, 이러한 감정과 마주하는 것이 전환의 실마리가 된다고 강조한다.

진정한 전환은 계획이 아니라 행동에서 시작된다. 4

장 'AI 시대, 중장년 커리어 전환의 의미'에서 중장년의 전환은 과감한 실천에서 시작될 수 있다는 것을 강조한다. 중장년의 커리어 전환을 위한 실천 중심 프레임워크로, 심리학, 조직 행동학, 전환 이론에 기반하여 생각보다 행동을 우선하고 작은 실험을 반복하며, 경험을 자산화하여 자기다운 역할로 정착하는 전략적 접근법인 크래프트(CRAFT) 모델을 제시하였다. 먼저 C는 새로운 커리어 정체성 디자인(Create Identity)이며, R은 사회적 지원 확보(Reach Support), A는 새로운 생산 자산을 구축하기 위해 학습을 통한 전문성 확장(Acquire Skills), F는 사회적 네트워크 연결을 통한 기회 창출(Find Right People), T는 액션 퍼스트(Take Action First)로 성찰과 생각에 머무르지 않고 당장 실천하는 방법과 내용을 포함하였다.

정체성 실험은 "내가 누구인가?"를 새롭게 정의해 보는 실천이다. 5장 '중장년 시기, 새로운 정체성을 디자인하다'에서는 정체성이 과거의 기억과 경험을 통해 형성되며, 이는 미래의 삶을 디자인하는 출발점임을 알려 준다. 정체성은 단순히 '나는 누구인가'라는 질문에 답하는 것이 아니라, 내 삶의 스토리를 통해 드러난다. 기억하는 자아는 개인의 삶을 의미 있게 연결하며, 스토리로 정리된 경험은 정체성의 실마리가 된다. 또한, 자기다운 커리어란 자신의 고유성과 최종 고객의 숨은 욕구가 만나는 지점에 존재한다. 이 장에서는 자신의 기억과 경험을 복원하고, 고객의 문제를 해결할 수 있는 전문성을 탐색하며, '나다운 일'을 발견하고 디자인하는 구체적 방법을 제시한다.

6장 '함께하는 커리어 전환, 사회적 지지를 확보하라'에서는 커리어 전환을 위한 관계 자산 설계 전략과 실천적 예시를 통해, '혼자 하는 전환'에서 '함께하는 전환'으로 나아가는 길을 제시한다. 중장년의 커리어 전환은 혼자만의 결심으로는 지속되기 어렵다. 가족, 동료, 커뮤니티 등 다양한 사회적 지지는 불확실성과 고립감을 이겨내는 심리적 에너지이자 실행력의 기반이 된다. 커리어 전환 이론으로 유명한 낸시 슐로스버그(Nancy Schlossberg)에 따르면, 커리어 전환의 성공은 내적 자원뿐 아니라 지지 체계에 달려 있다고 강조한다. 특히 정서적 지지자, 정보 제공자, 객관적 평가자와의 관계는 커리어 전환의 지속 가능성과 만족도를 높이는 핵심 요소다.

7장 '새로운 생산 자산으로서의 전문성 확장'은 '실행을 통한 학습(learning by doing)'을 통해 자신만의 전문성과 고유한 커리어 가치를 실현하는 전략을 제시한다. AI 시대의 중장년 커리어 전환은 단순한 경로 변경이 아닌, 자신의 경험과 지식을 재구성해 '새로운 생산 자산'을 구축하는 과정이다. 중장년 시기에 더 경쟁력이 커지는 결정성 지능과 실천적 학습을 결합해 전문성을 재정의하고, AI를 경쟁자가 아닌 파트너로 활용함으로써 역량을 확장해야 한다. 학습을 위한 구조 설계, 몰입 가능한 시간 확보, 갭 이어(gap year) 전략 등은 전환의 성공을 위한 필수 조건이다.

중장년의 커리어 전환은 능력만으로 이루어지지 않는다. 새로운 기회는 종종 약한 연결(weak ties)에서 시작된다. 8장 '사회적 네트워크 연결을 통한 기회 창출'은 '누구와 연결될 것인가'가 전환의 방향을 결정함을 강조한다. 정체성과 가능성은 혼자가 아닌 관계 속에서 발견된다. 관계 자산을 전략적으로 설계하고, 잠재적 인맥을 재구성함으로써 전환은 우연이 아닌 설계된 기회로 만들어질 수 있다.

중장년의 커리어 전환은 사전 계획보다 '작은 실행'에서 시작된다. 9장 '액션 퍼스트, 실행에서 시작되는 전환'에서는 런던 비즈니스 스쿨 허미니아 이바라(Herminia Ibarra) 교수의 정체성 실험 이론과 매사추세츠공과대학

(MIT)의 커리어 프로토타이핑 개념에 따라, 행동의 새로운 정체성과 경로를 드러낸다. AI는 실행 진입 장벽을 낮추고, 실험의 속도와 확장을 지원하는 시대적 도구가 된다. 주말 부업, 단기 프로젝트, AI 기반 새로운 시도 등 실천은 작고 구체적일수록 효과적이다. 핵심은 지금 가능한 실험을 시작하고, 그 실행을 지속 가능한 전환 자산으로 연결하는 것이다.

AI 시대 중장년의 커리어 전환은 개인의 의지로 해결할 수 없는 구조적 과제다. 10장 '새로운 사회 생태계 디자인'에서 기업은 중장년의 경험을 활용할 수 있도록 일의 구조를 재설계하고, 평생 교육 기관은 중장년 맞춤형 학습 설계를 제공해야 함을 강조한다. 정부는 복지 중심을 넘어 커리어 전환 생태계를 제도적으로 구축해야 한다. 일의 재구조화, 유연한 교육 시스템, 통합된 정책 플랫폼을 통해 중장년이 단절이 아닌 진화를 경험하게 만드는 것이 새로운 사회 생태계의 핵심이다.

중장년이 새로운 커리어를 시작하는 데에 필요한 것은 단 하나의 정답이 아니라, 자신의 가능성을 탐색할 수 있는 작고 반복적인 실험이다. 그 실험을 통해 우리는 다시 배울 수 있고, 다시 연결될 수 있으며, 무엇보다도 다시 살아갈 수 있다.

이제 커리어는 한 번의 선택이 아니라, 여러 번 다시 써 내려가는 삶의 이야기다. AI 시대는 인간을 대체하는 시대가 아니라 더 깊은 인간다움을 요구하는 시대다. 정체성은 나이에 고정되지 않으며, 배움은 중단되지 않는다. 행동은 두려움을 이기고 가능성을 실현하는 가장 인간적인 방식이다. AI는 능력을 바꾸지만, 당신의 가능성은 여전히 당신 안에 있다. 지금이 그 가능성을 다시 꺼내어, 다음 커리어를 설계할 시간이다.

01
기술의 진화, 더 불안해진 미래

AI 기술이 진화하면서 일상적 삶은 전례 없는 '편리'를 경험하고 있지만, 동시에 'AI로 인해 자신이 대체되지 않을까' 하는 대체됨의 불안도 커지고 있다. 특히 중장년층은 자신의 과거 경력과 전문성이 더는 경쟁력이 되지 않는 현실을 마주하고 있다. 준비되지 않은 미래는 불안이 커질 수밖에 없지만, 반대로 AI를 자신의 경쟁력으로 새롭게 구축한 사람에게는 오히려 더 많은 기회가 열릴 가능성도 커졌다.

AI와 1인 창업?

AI 시대, 세상은 점점 더 진화하는데, 내 삶은 왜 더 힘들어질까?

오늘날 우리는 역사상 유례없는 기술 발전 속도를 경험하고 있다. 특히 인공지능(AI)의 발전은 단순한 기술적 혁신을 넘어, 우리 사회와 경제 전반에 급격한 변화를 일으키고 있다. AI 기술은 이미 특정 산업과 영역을 넘어, 전 분야에서 기존 업무 방식을 근본적으로 변화시키고 있다. AI는 단순 반복 업무뿐만 아니라, 전문성과 경험이 요구되는 영역까지 전방위적으로 확장되고 있다. 금융 분야에서는 AI 기반 로보 어드바이저가 자산 운용 업무를 수행하고 있으며, 의료 분야에서는 인공지능 진단 시스템이 의사들의 진단을 보조하거나 일부 업무를 완전히 대체하고 있다. 제조업 역시 AI 기반의 스마트 공장과 로봇 기술을 적극적으로 도입하며 전통적인 생산 방식을 빠르게 대체하고 있다. 기술의 발전은 눈부시고, 분명히 생산성과 효율성이 높아지면서 우리 삶을 더 편리하게 만들고 있다. 하지만 기술이 발전할수록 인간이 설 자리도 점점 더 줄어들고 있다는 불안감도 함께 커지고 있다.

국내 직장인 5,107명을 대상으로 한 설문 조사에 따르면, 최근 우리 사회의 보편적 정서가 '불안'이라는 것을 명확히 보여 준다. AI를 비롯한 기술의 진화 속도가 빨라지면서, 기업도 이러한 변화에 대응하기 위해 날마다 혁신을 추구하고 있는 반면, 정작 자신은 그러한 변화의 속도에 따라가지 못하는 '미래 불안'을 경험하고 있다는 것이다. 매사추세츠공과대학(MIT)의 경제학자 데이비드 오터(David Autor)는 "기술 발전은 새로운 일자리를 창출하는 동시에, 기존의 많은 일자리를 사라지게 한다"라고 분석했다. 특히 최근의 AI 기술 변화의 속도는 과거 산업혁명 시기보다도 훨씬 빠르다는 것이다. 산업혁명 당시에는 사람들이 새로운 기술을 익히고 적응할 시간이 충분했지만, AI 시대에는 변화의 속도가 너무 빨라 이를 따라가기조차 어려워졌다고 말한다. 실제 많은 사람은 AI 시대에 자신이 대체되지 않을까 하는 '대체됨의 두려움'을 호소한다.

글로벌 전략 컨설팅 회사인 매킨지(McKinsey) 연구에 따르면, 생성형 AI를 비롯한 테크놀로지의 발전은 오늘날 직원들이 소비하는 시간의 60~70%를 차지하는 업무 활동을 자동화할 수 있으며, 2030년까지 현재 직업의 약 30%가 자동화될 것으로 전망하였다. 미국 여론 조사 전문 기관인 퓨 리서치 센터(Pew Research Center)는, 특히 50세 이상 근로자의 60% 이상이 "AI와 자동화로 인해 일자리를 잃을 수 있다"는 불안감을 느낀다고 답했다. 기술이 발전할수록 삶이 더 편리해지는 것은 사실이지만, 한편으로는 자신의 일자리가 언제 없어질지 모른다는 불안도 동시에 커지고 있다.

중장년층이 특히 더 힘든 이유는, 자신의 과거 경력과 경험이 더는 경쟁력이 되지 않기 때문이다. 과거에는 오랜 경험을 쌓을수록 전문가로 인정받았고, 더 안정적인 직업을 가질 수 있었다. 그러나 AI 시대로 진화하면서, AI가 이미 인간의 전문성과 경쟁력을 압도하기 시작했을 뿐 아니라, AI를 활용해 전문성을 누구나 이용 가능한 보편의 영역으로 만들고 있다. 결국 이러한 AI 시대에 어떻게 자신의 전문성을 업데이트할 것이며, 무엇보다 어떻게 지속 가능한 자신의 커리어를 구축할 수 있을까에 대한 고민이 깊어질 수밖에 없다.

증폭기로서의 AI, 격차를 가속화하다

최근 AI로 인해 사람의 일이 대체될 것에 대한 우려가 크다. 하지만 실제는 AI가 사람을 대체한다기보다, AI를 잘 사용하는 소수의 사람에 의해, AI를 다루지 못하는 다수의 사람이 대체될 가능성이 크다는 것이 공통된 견해다.

AI 전문가들에 따르면, AI는 마치 증폭기 같은 역할을 한다고 강조한다. AI를 사용하면 그 사람의 역량이 폭발적으로 증폭되어 성능과 생산성을 몇 배 더 발휘할 수 있기 때문이다. 그런데 이 증폭기에도 사람에 따라 차이가 발생한다. 가령 역량이 7 정도 되는 사람과, 10 정도 되는 사람이 있다고 하면, 7과 10 사이에는 3 정도의 차이가 있지만, 그래도 이 정도는 큰 차이가 아니고, 각기 자기 역할을 할 수 있는 수준이다. 그런데 AI라는 증폭기를 통해 그 성능이 확장되면 격차는 비교할 수 없을 정도로 커질 수 있다. 가령, 기존에 7 정도의 역량을 갖춘 사람이 AI를 사용해서 대략 5~7배 정도의 증폭 역량을 발휘하고 있다면 35~49의 역량으로 증가하게 된다. 그런데 10의 역량을 갖춘 사람이 AI를 통해 증폭하면 적어도 10~20배의 증폭을 통해 100~200의 역량을 발휘할 수 있다는 이야기다. 기존에는 3 정도 차이가 있었는데, 이제는 70에서 150 정도의 넘볼 수 없는 압도적 차이를 만들어 낼 가능성이 있다. 만일 AI를 전혀 사용하지 못하고, 자신의 일에서 증폭을 해 낼 수 없다면 어떨까? 이제 이런 사람이 일할 곳은 존재하지 않을 가능성이 크다.

그렇다면 현재 AI를 통해 우리는 자신의 일에서 얼마나 증폭의 경험을 하고 있을까? 2024년 9월 국내 기업 직장인 대상으로 한 조사에 따르면, 생성형 AI를 어쩌다 한두 번 사용하거나, 한 번도 사용해 보지 않은 사람은 약 40% 정도였다. 필요할 때 간헐적으로 사용하고 있는 사람은 약 50% 정도였고, 매일 일상적으로 사용하며 높은 수준으로 이용할 수 있는 사람은 약 10% 정도로 확인되었다. 어쩌다 가끔 사용하거나 한두 번 써 본 사람들의 의견을 들어 보면, 사용해 보니 생각보다 답변의 질이 그리 높지 않았다고 말한다. 너무 뻔한 내용을, 그저 그런 수준으로 응답해 주니, 처음에는 신기했지만 인간의 답변에 비하면 너무 형편없어서 일상적 업무에 활용하기에는 턱없이 부족했다고 말한다. 그러다 보니 점차 사용하지 않게 되었다는 것이다. 왜 이런 일이 발생했을까? 그건 아마 질문의 수준이 높지 않았기 때문일 가능성이 크다. AI는 질문의 수준만큼 응답하기 때문에, 단순·단편적인 질문에 그저 그런 단순 형태의 답변이 나왔을 가능성이 크다. 동일한 내용을 잘 구조화된 방식으로 질문했다면 어땠을까? 아마도 기대 이상의 답변에 놀라운 경험을 했을 가능성이 크다. 그야말로 자신의 경험과 식견에 증폭되는 경험을 했을 것이다.

글로벌 비영리 기관인 제너레이션(Generation)은 영국의 전문 여론 조사 기관인 유고브(YouGov)와 함께 45

세 이상 중장년 직원 2,610명과, 관리자급 이상 1,488명 대상으로 AI 사용 확대가 중장년의 취업 기회에 어떤 영향을 미칠지에 대해 연구를 수행하였다. 이 연구에 따르면, 전체 응답자 중 45세 이상 AI 사용자는 약 15% 정도로, AI로 인해 고용이 축소되고 있으며, 특히 중장년층의 채용이 더 축소될 가능성이 크고, 기존의 경험과 전문성만으로는 AI 시대에 경쟁력을 갖기 어려우며, 새로운 기술 트랜드에 따른 새로운 경쟁력의 보완이 필수적으로 요구되고 있다는 것을 보여 준다.

중장년, 커리어 전환을 위한 준비와 선택

지금은 소위 100세 시대를 바라보는 삶이 된 만큼, 대부분 과거보다 훨씬 더 길게 산다. 이러한 장수(longevity)의 삶이 축복이 되어야 하지만, 현실은 오히려 더 많은 불안을 불러오기도 한다. 길게 오래 사는 삶은 필연적으로 더 많은 경제적 자원을 필요로 하고, 이는 더 오래 일해야 하는 현실을 요구한다. 특히 연로한 노부모와 아직 독립하지 않은 자녀 돌봄까지 더해지는 중장년은 더 많은 경제적 필요에 직면한다. 그런데 중장년은 이제 곧 주된 직장에서의 퇴직을 앞둔 시기다. 경제적으로 노후 준비가 충분히 되어 있다면 그나마 다행이지만, 실제 데이터에 따르면 대다수 중년·노년층은 노후에 필요한 돈을 충분히 마련하지 못한 것이 현실이다. 이러한 재정적 준비 상태 부족은 미래를 더욱 불안하게 하고 두려움을 갖게 만들고 있다. 결국 중장년층은 주된 직장을 퇴직해도 더 오래 일을 필요로 한다.

또 반드시 돈이 아니더라도 우리는 행복하고 의미 있는 삶을 위해 자기다운 일을 필요로 한다. 매킨지(McKinsey & Company) 연구에 따르면 사람들은 자신의 직업이 삶의 가치와 목적의 원천이 되기를 기대하는 경향이 크다. 사람들은 대부분 일을 통해 자기 정체성이 발현되기를 원한다. 이처럼 더 오래 사는 삶에서, 또 돌보아야 할 현실을 직면한 상황에서, 자기다운 가치와 의미를 위해 중장년층은 지속적으로 일할 수 있는 자신의 커리어를 필요로 한다.

그런데 주된 일터를 벗어나 새로 시작하는 일자리를 보면 현실은 매우 심각해진다. 대부분 단순노동에, 비정규직 일이 대부분이다. 지난 30여 년간 경험과 전문성을 쌓아온 일은 수명을 다했고, 이미 AI로 세상은 더 효율적이고 더 빠르게 일하며, 기존과 다른 새로운 일을 요구하고 있다. 중장년으로서 다음의 커리어를 전환하기 위한 준비를 어떻게 해야 할까?

이는 누구나 직면한 문제이며, 앞으로 지속되는 현상이다. AI 시대에 자기다운 커리어 관점에서 미리 준비하고 대응하지 않으면, 우리는 길을 잃을 수 있다. 그러나 새로운 시대는 언제나 우려보다 더 많은 기회가 상존한다. 이미 이 기회를 현실로 만들고 있는 이들도 있다. 분명한 것은 이러한 기회가 모두에게 공평한 모습으로 다가오지 않는다는 것이다. 오직 준비된 자에게, 시도하고 도전하는 사람에게 찾아온다.

중장년은 사실 아직 기회가 많은 젊은 시점이라는 인식 전환이 필요하다. 30년 전인 1995년 기준, 우리나라의 중위 나이는 29.3세다. 2025년 현재 중위 나이는 약 45.6세다. 중장년은 이제 인생의 하락기가 아니라, 우리 사회 인구 구조상 삶의 중간 지점에 와 있을 뿐이다. 남은 절반의 삶을 위한 자기 다운 커리어를 위한 시작이 필요한 시점이다.

참고문헌

박태웅(2024). 《박태웅의 AI 강의 2025》. 한빛비즈.
임창현(2024). 《정답 없는 세상에서 리더로 살아가기》. 파지트.
Autor, D.(2022). *The labor market impacts of technological change: From unbridled enthusiasm to qualified optimism to vast uncertainty*(National Bureau of Economic Research

Working Paper No. 30074).
Chui, M. et al.(2023). *The economic potential of generative AI: The next productivity frontier.* McKinsey & Company. https://www.mckinsey.com/capabilities/mckinsey-digital/our-insights/the-economic-potential-of-generative-ai-the-next-productivity-frontier#/
Generation(2024). *Age-proofing AI: Enabling an intergenerational workforce to benefit from AI.* https://www.generation.org/midcareer-report-2024/
Lin, L. & Parker, K.(2025.2.25). *U.S. workers are more worried than hopeful about future AI use in the workplace.* Pew Research Center. https://www.pewresearch.org/wp-content/uploads/sites/20/2025/02/ST_2025.2.25_AI-Workers_REPORT.pdf
McKinsey & Company(2022.8.4). How to find your purpose. https://www.mckinsey.com/featured-insights/mckinsey-guide-to-managing-yourself/how-to-find-your-purpose

02
AI 시대를 살아가는 중장년의 현실

고령화, 노인 빈곤, 정서적 고립, 빠른 기술 변화 속에서 중장년층은 건강, 관계, 경제라는 세 가지 불안 앞에 놓여 있다. 중장년의 커리어 전환은 불가피하지만, 낮은 임금, 비정규직, 단순 노무로 연결되기 쉬운 구조적 함정이 있다. AI는 기존의 경험과 전문성을 무력화시키며 새로운 역량의 기준을 만들고 있고, 과거의 방식만으로는 이제 살아남을 수 없다. 결국 중장년의 커리어 전환은 선택이 아니라 생존이며, 더 길어진 삶에서 자기다운 의미 있는 일자리를 다시 설계해야 한다는 절박한 과제를 우리 모두에게 던진다.

AI와 MBTI?

더 길고 오래 사는 삶은 축복인가? 재앙인가?

2024년 12월 23일, 우리나라는 본격적으로 초고령화 사회로 진입했다. 초고령화 사회란 65세 인구가 전체 인구의 20% 이상이 되었다는 것을 의미한다. 영국 런던 비즈니스 스쿨(London Business School)의 린다 그래튼(Lynda Gratton) 교수가 말한 100세 시대가 본격적으로 현실화하고 있다. 더 길게 오래 사는 삶은 축복일까? 재앙일까?

우리 삶이 행복한 노후를 맞이하기 위해서는 세 가지 불안 요소를 해결할 수 있어야 한다. '건강', '친밀하고 우호적인 관계', '경제적 안정'이 그것이다. 첫째, 건강은 삶의 질을 결정하는 가장 직접적 요인으로, 건강은 심리적 웰빙은 물론이고 사회적 관계와 생존 가능성과도 밀접한 연관성을 보인다. 세계보건기구(WHO)는 기대 수명과는 별도로 건강 수명을 강조하며, 질병이나 장애 없이 건강하게 살아가는 연령을 지표화하고 있는데, 2023년 기준 한국의 기대 수명은 83.5세, 2021년 기준 건강 수명은 72.5세다. 즉 평균적으로 건강하지 못한 약 11년의 삶을 살아가고 있음을 보여 준다. 건강은 고령화되는 과정에서 양극화가 매우 심한 영역 중 하나다. 둘째, 노령화 과정에서 '외로움'은 흡연 등 그 어떤 다른 것보다 사망률을 더 높이는 요인으로 알려져 있다. 심지어 외로움은 심장병, 우울증, 치매 위험도 증가시킨다. 따라서 같이 삶을 공유하고 좋은 유대를 맺을 수 있는 친밀한 관계는 행복한 삶에서 결정적 요인이 된다. 셋째, 더 길고 오래 사는 삶은 결국 더 많은 경제적 필요를 요구한다. 특히 중장년의 경우 더 길어진 삶은 노부모에 대한 돌봄의 기간도 더 길어짐을 의미하는 동시에, 아직 독립하지 않은 자녀 돌봄까지 병행하는 시기이며, 이는 필연적으로 더 많은 돈을 필요로 한다. 2024년 《세계 행복 보고서(World Happiness Report)》에 따르면, 세대별 행복도를 조사한 결과, 한국의 경우 노령층이 가장 행복도가 낮은 것으로 확인되었는데, 그 원인 중 하나는 바로 심각한 '노인 빈곤'에 기반한다. 우리는 경제협력개발기구(OECD) 국가 중 노인 빈곤이 가장 심각한 나라다.

이 문제를 동시에 해결할 수 있는 가장 현실적이고 좋은 방법이 있다면, 그것은 바로 '일자리'다. 일을 한다는 것은 건강하고 활발하게 움직이며, 무언가 의미 있고 가치 있는 활동이 가능하다는 것을 의미한다. 또한 우리는 일터에서 의미 있는 관계를 만들며, 자신의 사회적 네트워크를 형성할 수 있다. 그와 동시에 지속적인 일을 통해 필요한 경제적 필요를 해결할 수 있다. 점차 가속화되는 노령 인구의 증가 추세를 고려할 때 사회 복지적 지원 등 다른 방식으로는 지속적인 경제적 필요를 해결하는 데에 한계가 있을 수밖에 없고, 결국 건강하게 일할 수 있는 구조가 유지될 때만이 인간다운 삶의 조건이 가능하다. 이처럼 더 길고 오래 사는 삶의 핵심은, 더 오래, 의미 있게 일하며, 기여한 가치만큼의 보상을 얻는 구조를 유지할 수 있는가의 문제다. 100세 시대, 우리가 직면한 이슈의 본질은 '일자리', 즉 '자기다운 커리어'에 달려 있다.

현 일터에서 중장년이 직면한 현실

우리 사회가 저출산 · 초고령화에 진입했다는 것은 일터인 직장 내에서도 같은 현상이 나타나고 있음을 의미한다. 인구 구조 특성상 우리나라는 1960년대생과 1970년대생이 가장 많은 인구 비중을 차지한다. 당시는 매년 90~100만 명의 인구가 태어나, 2025년 현재 총 약 1700만 명에 이르며, 이는 전체 인구 중 약 33% 정도를 차지한다. 1960년대생의 경우 이미 회사에서 정년퇴직이 시작되었고, 1970년대생은 기업 내에서 고연차 구성원이 되었다. 업의 특성에 따라 정도의 차이는 있지만, 이미 상당수의 기업은 전반적으로 고령화 이슈를 맞이한 상황이며, 이들은 조직 내 새로운 고민의 원인이 되기도 한다.

최근 기업에서는 변화 속도가 빨라지면서 대략 40대 전후가 되면, 조직 내 리더 역할을 시작한다. 그리고 약 5~6년이 지나면 일부는 임원으로 승진하기도 하지만, 상당수는 다시 팀원으로 복귀해 실무자로서의 일을 담당할 수밖에 없다. 인구 구조상, 또 조직 구조상 피해 갈 수 없는 현실로, 이제 연하 리더와 연상 팀원의 모습은 보편적 일상이다. 그렇다면 고연차 구성원은 현재 조직에서 어떤 모습으로 인식될까? 이것 역시 정도의 차이는 있지만, 여전히 많은 경우 이들은 고임금, 낮은 생산성으로 인해 가성비 떨어지는 인력으로 취급받는다.

50대 전후의 중장년층 구성원은, 우리의 인구 구조상 조직에서도 상당히 큰 비중을 차지한다. 만일 이들이 일터에서 생산성 있게 일하며 기여할 수 없다면, 조직은 경쟁력이 떨어지는, 치명적인 손실을 피하기 어렵다. 이는 조직뿐 아니라 개인 차원에서도 위험한 상황이 될 수밖에 없다. 더 길어진 생존 방식에 맞춰 지속적으로 일해야 하는 상황에서, 이들은 가장 경쟁력이 떨어진 상태로 주된 직장을 떠나는 악순환에 빠진다. 따라서 우리 일터는 중장년이 더 생산적이고 경쟁력 있게 일하는 구조를 만들 수 있어야 하며, 그것이 기업도, 각 개인도, 국가적 차원에서도 반드시 해결해야 할 숙명적 과제다.

주된 직장 퇴직 이후, 중장년의 일자리에 대한 현실 공감

누구나 다 일정 시점이 되면 주된 직장에서 퇴직하는 시기를 맞이한다. 우리나라는 법적 정년이 60세이지만, 60세 정년으로 퇴직하는 비율은 채 10%를 넘지 못한다. 2025년 현재, 실제 평균 퇴직 나이는 49.4세 정도다. 이마저도 공무원이나 공공 기관, 대기업이 비교적 길게 일하며 정년까지 일하는 구조이고, 그 외 상당 부분은 40대 중반 이후 퇴직이 일어나고, 50대가 되면 대부분 주된 직장에서 퇴직하는 것이 현실이다.

우리 사회는 더 길게 오래 사는 삶의 변화에 맞추어 삶의 시간대도 달라지고 있다. 젊은 사람들의 결혼 연령대를 보면 2000년의 경우, 남자 29.3세, 여자 26.5세에서, 2020년에는 남자 33.4세, 여성 31.6세로, 결혼 시기가 4~5년이 더 늦어지고 있다. 게다가 젊은 사람의 취업 시기도 더 늦어지고 있다. 인크루트 설문 조사에 따르면 1998년 평균 취업 나이는 25.1세에서, 2018년에는 30.9세로 5년이 더 길어졌다. 더 길어진 삶에서 준비 기간이 더 길어지고, 이는 곧 부모 세대인 중장년에게는 더 길어진 돌봄으로 이어지며, 더 많은 경제적 필요를 요구한다.

반면, 미래에셋에서 분석한 자료에 따르면, 2010년 이후 대한민국의 평균 퇴직 연령은 줄곧 49세를 유지하고 있다. 더 길어진 삶을 살아가는 만큼, 또 더 길어진 돌봄의 현실을 고려할 때 더 오래 일할 수 있어야 하지만, 현실은 그렇지 않다. 50대 이후, 주된 직장을 퇴직한 중장년은 필연적으로 새로운 커리어 전환에 직면하게 된다.

그렇다면 주된 직장에서 퇴직한 후 어떤 일자리의 변화가 일어날까? 미래에셋의 김경록 박사가 확인한 실증 데이터에 따르면, 50대 전후에 퇴직한 중장년은 대부분 재취업에 도전한다. 이들은 평균적으로 2번 정도의 재취업에 성공하는데, 두 번의 재취업 기간은 모두 합산해서 평균 3년을 넘지 못하는 것으로 확인된다. 급여 수준도 주된 직장 시절 대비 약 절반 가까이로 급격히 줄어드는 모습이다. 그렇게 어렵게 재취업하지만 곧 다시 퇴직을 맞이할 수밖에 없고, 그 이후에는 극히 드문 일부를 제외하고 상당수는 비정규직에, 단순노동에 기반한, 최저 임금에 해당하는 일자리로 이동할 수밖에 없는 모습으로 나타난다. 과거 이들의 학력, 전직 경험, 전문성에 관계없이 매우 비슷한 결과를 보인다.

더 길어진 삶에서 중장년은 커리어의 끝자락이 아닌, 새로운 전환의 시기이며, 그에 맞는 준비가 시작되는 시점이다. 그러나 AI를 비롯한 기술의 빠른 진화는 우리의 일터 환경의 급속한 변화를 불러오고 있고, 그 과정에서 현실은 자기다운 의미 있는 일자리가 그리 쉽지 않음을 보여 준다.

AI 시대, 전환되는 전문성과 일의 전환점

지금까지 우리는 경험이 곧 전문성이고, 경쟁력의 기준인 시대를 살아왔다. 중장년이 되고 고연차가 된다는 것은 경험의 깊이와 질이 높아지는 것을 의미했고, 조직에서 리더로 또 전문가로 인정받았다. 그러나 2025년 하버드 비즈니스 리뷰(Harvard Business Review) 연구에 따르면, AI는 개인 차원의 지식과 전문성을, 누구나 접근 가능하고 이용 가능한 보편의 영역으로 전환하고 있다. 오히려 경험보다, AI를 비롯한 테크놀로지의 활용을 통해, 빠르게 학습하고 역량을 증폭하면서 새로운 가치를 만들어 내는 시대로 전환되면서, 기존의 전문성은 루틴화되고 자동화되고 있다.

중장년은 1차 주된 직장을 지나, 새로운 커리어의 전환이 일어나는 시기다. 이미 지금 현실도, 기존의 경험만으로는 더는 가치를 주기 어려운 경우가 대부분이다. 특히 AI는 전문성의 영역마저 경계를 없애고, 이제는 자신의 영역을 넘어, 또 다른 새로운 가치를 어떻게 창출할 것인지를 묻고 있다.

지금은 그야말로 대전환의 시기다. 일부 새로운 기술이 변화에 자극을 주고 새로움을 주는 정도가 아니라, AI라는 디지털 테크놀로지가 모든 기반을 전환하는 시기다. 그 과정에서 우리는 주된 직장을 넘어 새로운 커리어에서 어떤 준비와 변화가 필요할까? 그것이 지금 우리에게 남겨진 가장 중요한 질문이며 도전이다.

참고문헌

김경록(2024). 《60년대생이 온다》. 비아북.

슈카월드(2023.1.6). "평균퇴직 나이 49세". Youtube. https://www.youtube.com/watch?v=JMHo0CHbjXI

통계청, 건강수명, https://www.index.go.kr/unify/idx-info.do?idxCd=5067

통계청, 기대수명, https://www.index.go.kr/unify/idx-info.do?idxCd=8016

Gratton, L. & Scott, A. (2016). *100 year life*. 안세민 옮김(2020). 《100세 인생》. 클.

Helliwell, J. F. et al.(eds.)(2024). *World happiness report 2024*. Wellbeing Research Centre, University of Oxford.

Yerramilli-Rao, B. et al.(2025). *Strategy in an era of abundant expertise.* Harvard Business Review.

03
AI가 바꾸는 일터 환경

직무는 더는 고정된 것이 아니다. 빠르게 변화하는 환경 속에서 기업은 '직무'보다 '과업'과 '스킬'을 중심으로 사람을 평가하고 선발한다. 이제 중요한 것은 "내가 어떤 직책이었는가"가 아니라, "지금 무엇을 할 수 있는가"에 달려 있다. AI는 일의 구조를 바꾸고, 사람과 함께 일하는 '또 하나의 구성원'이 되고 있다. 패턴이 존재하는 반복적인 일은 AI가, 전략적 판단과 공감이 필요한 일은 사람이 맡는 '공존의 시대'가 열리고 있다. 중장년에게 이 변화는 위기이자 기회다.

AI와 난임 극복?

더는 직무 기술서를 기반으로 사람을 뽑지 않는다

지금까지 우리의 이력서는 어떤 학교를 나오고 어떤 직무를 얼마나 오래 담당했는가를 중심으로 작성하고, 이를 토대로 사람을 판단했다. 좋은 대학은 그 사람이 얼마나 스마트한지를 증명하고, 담당 직무와 경험 연수는 실력과 전문성의 기준이었다. 마케팅 30년 전문가, 25년 경력의 재무통 등 연차와 경험은 권위의 상징으로 통했고, 소위 리더로, 전문가로 인정받기에 충분했다.

하지만 지금 우리의 일터는 완전히 달라지고 있다. 이제 고정된 직무 기술서(job description)를 기반으로 사람을 채용할 수 없는 시대가 되었다. AI에 기반한 디지털 사회로 전환하면서 기존 직무 자체가 너무도 빠르게 변화하거나, 아예 사라지기도 하고, 때로는 전혀 없던 새로운 직무가 등장하기도 한다. 결국 직무 기술서만으로는 미래에 필요한 인재를 예측하고 선발하기 어려운 환경이 되었기 때문이다.

특히 AI와의 협업이 보편화되면서, '사람이 모든 직무를 다 해야 하는 구조'는 더는 유효하지 않다. 기존에 해왔던 일을 쪼개고 나눠 보면, 상당수는 AI가 더 잘 수행할 수 있고, 사람은 창의적이거나 전략적 판단과 통찰을 요구하는 태스크(task) 중심으로 역할이 전환되고 있다. 이러한 흐름 속에서 기업은 직무 기술서에 기반해 담당 직무 전체를 맡을 수 있는 사람을 찾는 방식이 아니라, 특정 과제를 완결적으로 해결하는 능력(task-solving ability), 그리고 새로운 도구를 빠르게 배우고 적용하는 역량을 가진 사람을 원한다. 즉, 직무 경험이나 연차가 중요한 것이 아니라, 지금 이 순간, 무엇을 할 수 있는지가 핵심이며, 이 과정에서 얼마나 AI를 잘 활용하고 생산적으로 일할 수 있는지가 중요해졌다.

직업 · 전문가 네트워크인 링크드인(Linked-in)에 등장하는 최근의 채용 방식을 보면, '직무 기반 채용'에서 '스킬 기반 채용(skills-based hiring)'으로 전환되고 있는 모습을 보여 준다. 과거에 "어떤 직무를 맡고 어떤 직책이었는가"보다는, "지금 어떤 스킬을 보유하고 있고, 무엇을 할 수 있는지, 그 일을 위해 어떤 도구와 기술을 활용할 수 있는가?"를 묻고, 이를 기반으로 채용하는 방식으로 전환되고 있다.

일과, 일 방식의 전환 – AI와 협업하는 새로운 일터

이제 일터는 단순히 사람이 AI라는 도구를 활용하는 시대에 머물러 있지 않다. 인간 직원(human employee)과 AI 직원(AI employee)이 같이 공존하며 일하는 시대로 가고 있으며, 이는 일 자체를 바꾸는 동시에 일하는 방식의 근본적 전환이 이루어지고 있음을 말한다.

AI는 이미 과제를 부여받고 자기 완결적으로 일하는 또 하나의 구성원으로 역할을 수행하기도 하고, 때로는 인간 직원과 같이 토론하며 더 의미 있고 생산적인 일의 방향을 논의하는 파트너로 일하기도 하며, 특정 업무에서는 AI가 오히려 리더로서 일의 방향성을 명확히 구분해 사람에게 과제를 부여하고 피드백하며 과제를 이끌기도 한다.

AI는 우리가 지금까지 '일'이라고 불러 온 방식 자체에 새로운 질문을 던지고 있다.

"이 일은 왜 존재하는가?"

"이 일을 꼭 사람이 해야 하는가?"

"AI와 사람은 어떤 방식으로 협업할 수 있는가?"

자신의 담당 직무에서 이 질문에 답할 수 없다면 어떤 기술도 조직의 경쟁력이 되지 못한다. 우리는 앞서 살펴본 바와 같이 오랫동안 고정된 직무를 기준으로 조직을 운영해 왔다. 사람을 뽑고 평가하며 일의 책임과 권한을 분배하는 기준이 바로 직무였다. 하지만 AI 시대에 고정된 직무는 유연성을 제한하고, 인간과 AI 협업을 가로막는다. 더는 직무가 일의 본질을 설명해 주지 못한다. 이제 중심은 '직무'가 아니라 '과업(task)'과 '목적(purpose)'이 되어야 하며, AI 기반의 생산성 향상을 위해 '일의 재설계'가 필수적이다.

AI 기반으로 일터 환경을 더 생산적으로 만들려면 다음의 3단계 접근법이 요구된다. 첫째, 일(work)을 세분화하고 작은 단위의 과업으로 분해하여 반복 업무, 판단 업무, 창의적 업무 등으로 구분할 수 있어야 한다. 둘째, AI가 잘할 수 있는 일과 사람이 더 잘할 수 있는 일을 구분하여 적절히 재배치하는 과정이 필요하다. 판단과 공감이 필요한 업무는 사람이, 대량 연산과 자동화는 AI가 맡을 수 있다. 셋째, 사람과 AI가 최적으로 협업할 수 있는 방식으로 업무를 재구성할 수 있어야 한다. 이는 단순한 업무 프로세스의 변화가 아니라, 일의 목적과 구성 방식 자체를 다시 정의하는 과정이다.

AI 시대 인정받는 '일잘러'로의 전환

지금 AI는 증폭기(amplifier)로서, 우리의 일하는 방식과 성과를 획기적으로 바꿀 수 있지만, 누구에게나 동일한 방식으로, 동일한 성과로 다가오지는 않는다. AI는 초등학생이 사용하면 초등학생 수준의 결과물을 만들어 내고, 박사급 전문가가 사용하면 박사급 이상의 결과물을 만들어 낸다. 즉, AI는 그 사람이 갖고 있는 전문성과 역량, 통찰력 수준에 비례해 성능을 배가하는 도구다.

따라서 AI 시대에는 각 도메인에 대한 전문 지식과 경험이 여전히 중요하다. 이러한 전문성에 기반한 문제 인식과 통찰력을 갖추고 있는지, 또 전문가로서의 통찰력에 AI를 충분히 활용하고 증폭할 수 있는가가 핵심이다. 이제 AI는 더 빨라질 것이다. 그렇다면 우리가 할 수 있는 것은 변화의 본질을 직시하고, 지금 이 자리에서 전환을 시작하는 것이다. 먼저 자신의 경력을 직무가 아니라 태스크 단위로 정리해 보는 것이다. 구체적으로 어떤 일을 수행했고, 무엇을 할 수 있으며, 이를 위한 구체적 스킬이 무엇인지 스스로 규명할 수 있어야 한다. 둘째, 자신의 전문성을 AI 도구와 결합할 수 있는 구조로 일을 재설계해야 한다. 이제는 모든 것을 사람이 하는 것이 아니라, 업무의 구조를 분절해서, AI를 활용하여 효율적으로 수행할 것과, 자신이 더 집중해야 할 것이 무엇인지를 구분하고 적용할 수 있어야 한다. 셋째, 일상적 업무에서 작은 학습과 실험을 통해, AI를 몸에 익히는 과정이 무엇보다 중요하다. 지금은 AI를 통해 단순히 기존 일을 효율화하는 수준을 넘어, 새로운 가치를 창출할 수 있어야 한다. 이를 위해서는 담당 업무에 적극적으로 AI를 활용할 수 있어야 하며, 특히 AI를 통해 새로운 가치를 만들어 내는 과정에 익숙해져야 한다. 넷째, 그럼에도 사람과의 관계와 소통의 감각을 더욱 강화할 수 있어야 한다. 기술은 결국, 인간을 증폭하는 도구일 뿐이다.

AI가 사람을 대체할지 모른다는 대체됨의 두려움이 크지만, 현실은 AI를 통해 생산적으로 일할 수 없는 사람이 대체될 가능성이 크다. 지금 우리가 직면한 이 전환은 AI 시대에 가장 중요한 '일의 가치'를 다시 쓰는 첫걸음이다.

변화 속 중장년을 위한 희망과 가능성

AI로 인한 일자리 재편의 위협과 소용돌이 속에서, 중장년층에게 새로운 희망과 가능성이 함께 존재한다. 첫째, AI 시대는 오히려 경험과 지혜를 갖춘 중장년의 가치가 더욱 주목받을 가능성이 크다. 흔히 "나이 든 직원은 새로운 기술 적응이 느리다"는 편견이 있지만, 실제 현장에서는 오히려 경험 많은 사람이 AI를 더 효과적으로 활용하는 사례를 어렵지 않게 찾을 수 있다. 한 보고에 따르면, 업계 지식이 풍부한 사람이 AI의 입력과 출력을 더 잘 활용하여 성과를 내는 경향이 있다. 특히 AI는 사람의 지식과 경험, 전문성에 따라 증강하는 힘이 다르게 적용될 수 있는데, 이는 중장년 근로자가 수십 년간 쌓은 업무 전문성, 문제 해결 노하우, 산업 경쟁력이 AI 시대에 더욱 값지게 쓰일 수 있음을 시사한다.

둘째, 중장년층 스스로도 변화의 필요성에 깊이 공감하고 있고, 실제 변화에 뛰어들 준비를 하고 있다. 미국 AARP의 최근 조사에 따르면, 이미 중장년 구직자들은 변화된 일자리에 맞추어 자신의 기술을 재교육하거나 새로운 역량을 개발할 필요성을 인식하고 참고하고 있다.

셋째, 2024년 미드커리어 리포트(Midcareer Report)에 따르면, 45세 이상 중장년 근로자 중 AI를 실제 업무에 활용하는 비율은 아직 15% 수준으로 낮지만, 일단 도구를 받아들여 사용하기 시작한 중장년들은 대부분 AI 기술을 익혀 내며 '파워 유저'로 활약하고 있다는 것이다. 이는 중장년층도 학습 능력과 적응력을 충분히 지니고 있으며, 기회만 주어지면 신기술을 능숙하게 활용할 수 있음을 뜻한다. 실제로 평생 교육 현장이나 온라인 강좌에서 50대 이후 수강생 수가 증가하는 추세이고, 정년 후 프로그래밍이나 데이터 과학을 배우는 분들의 커뮤니티도 활성화되고 있다. 인간의 두뇌는 나이가 들어도 새로운 배움으로 계속해서 변화할 수 있다는 신경 가소성이 확인되면서, 이러한 경험적 사실을 뒷받침한다.

결국 AI로 인해 일터가 급변하는 오늘날, 중장년층은 위기와 기회가 공존하는 환경에 놓여 있다. 변화 규모가 큰 만큼 두려움도 크지만, 그 변화 속에서 스스로의 강점을 재발견하고 새로운 역할을 찾는다면 충분히 재도약할 수 있다.

참고문헌

AARP(2025.1.16). New AARP survey shows a sharp increase in the number of older Americans seeking a job change. https://press.aarp.org/2025-1-16-New-AARP-Survey-Sharp-Increase-Number-Older-Americans-Seeking-Job-Change

Curry, R.(2024.7.13). Why older workers are critical to AI adoption in the office. *CNBC.* https://www.cnbc.com/2024/07/13/why-older-workers-key-ai-understanding.html

Dey, M. & Jambhale, R.(2024). AI replacing jobs statistics by AI's impact on job, AI skills and facts. *ElectroIQ.* https://electroiq.com/stats/ai-replacing-jobs-statistics/

Generation(2024). *Age-proofing AI: Enabling an intergenerational workforce to benefit from AI.* https://www.generation.org/midcareer-report-2024/

Mayer, H. et al.(2025). *Superagency in the Workplace: Empowering people to unlock AI's full potential.* McKinsey & Company. https://www.mckinsey.com/capabilities/mckinsey-digital/our-insights/superagency-in-the-workplace-empowering-people-to-unlock-ais-full-potential-at-work

Schindelheim, R.(2025.1.16). Report: Nearly one in four older workers are planning to change jobs this year. WorkingNation. https://www.workingnation.com/report-nearly-one-in-four-older-workers-are-planning-to-change-jobs-this-year/

04
AI 시대, 중장년 커리어 전환의 의미

중장년 시기는 단순한 재취업의 과정이 아니라 인생의 후반기를 위한 '삶의 구조'를 다시 설계하는 시기다. 이제 중장년은 과거 경력의 연장이 아닌, 새로운 커리어 정체성 구축과 의미 중심적 역할 전환을 통해 AI 시대에 적응해야 하는 만큼, 이를 위해서는 접근법도 달라야 한다. AI 시대, 중장년의 커리어 전환을 위해 심리학, 조직 행동학, 중장년 전환 이론에 기반한 전략적 실천 프레임워크로 크래프트 모델에 기반한 단계별 실천 전략이 필요하다.

AI와 사주?

'인생의 전환기'로서의 중장년의 의미

AI 기술이 급속히 확산되면서 일의 세계는 근본적인 변화를 겪고 있다. 반복적 업무뿐 아니라, 전략적 사고나 창의적 판단조차도 인공지능이 깊숙이 개입하는 시대다. 이러한 변화는 모든 세대에 영향을 주지만, 특히 중장년층에게는 더 깊은 혼란과 질문을 던진다. "나는 앞으로 무엇을 해야 하는가?", "이제 내가 해 오던 일은 어떤 의미가 있는가?"라는 질문이 잦아지고, 커리어의 방향과 정체성에 대한 재정의가 불가피해진다. 이러한 상황을 단지 기술의 충격으로만 해석하는 것은 충분하지 않다. 심리학자 대니얼 레빈슨(Daniel J. Levinson)의 관점에서 본다면, 지금 우리가 겪고 있는 것은 단지 외부 환경의 변화가 아니라, 인간 발달의 자연스러운 전환기이자, 새로운 생애 구조를 구성하는 시기다. 중년의 시기에는 그동안 유지해 온 삶의 구조, 즉 직업, 가족, 사회적 역할 등으로 이루어진 개인의 삶의 틀이 더는 자신의 내면적 욕구와 부합하지 않는다는 자각이 일어난다. 따라서 이 전환기는 고통스럽지만, 그런 동시에 성찰과 성장의 기회로 작용한다. 문제는 지금의 중장년 세대가 바로 이 전환기를 AI와 디지털 기술의 거대한 변화와 함께 맞이하고 있다는 점이다.

AI는 많은 중장년층이 의지해 온 '전문가로서의 정체성'을 흔들고 있다. 오랫동안 쌓아 온 경험과 기술이 이제 경쟁력을 보장하지 않는다는 현실은 혼란스럽고, 때로는 무력감으로 이어진다. 하지만 이는 단지 역할의 종말이 아니라, 삶의 구조를 다시 짓는 신호다. 변화된 환경 속에서, "나는 앞으로 어떤 역할을 수행할 것인가?", "나의 일은 어떤 의미를 가질 수 있을까?"라는 근본적인 질문을 다시 던져야 한다. 이 질문은 단순한 재취업 전략을 넘어선다. 그것은 삶의 본질적 방향을 다시 설정하고, 기술과는 다른 인간 고유의 가치를 중심에 두는 구조로의 재편을 의미한다.

실제로 AI는 중장년층에게 새로운 가능성을 열어 준다. 단순 기술 직무 수행자는 점점 줄어들겠지만, 반대로 AI를 잘 이해하고 인간적 통찰을 더해 줄 수 있는 조정자 · 멘토 · 중재자와 같은 역할은 더욱 중요해질 것이다. 기술을 도구로 활용하여 그것을 어떻게 해석하고 관계 속에서 가치를 창출할지는 인간의 몫이다. 따라서 중장년층은 자신이 쌓아 온 경험을 기반으로, 의미 중심적 역할로 이동해야 한다.

영국 런던 비즈니스 스쿨의 린다 그래튼(Lynda Gratton) 교수는 《100세 인생(The 100-Year Life)》에서 기존의 교육-일-은퇴라는 3단계 생애 모델이 더는 유효하지 않다고 말한다. 인간 수명이 늘어나면서 삶은 이제 다단계적(multi-stage)으로 변화하고 있으며, 사람들은 평생 여러 번의 교육, 경력 변화, 재정립의 과정을 거치게 된다. 특히 중장년기 이후의 삶은 '은퇴 후 소극적 생존'이 아니라, '의도적 설계와 실현의 시기'로의 전환이 요구되는 시기다.

AI는 중장년의 커리어를 닫는 것이 아니라, 오히려 다음 커리어로의 전환을 요구하고 자극하는 힘이다. 즉, 더 오래 일해야 하는 것에 멈추지 않고, 더 자율적이고 더 유연하게, 더 목적 있게 일할 기회로 전환해야 한다. 결국 중장년의 시기는 삶의 구조를 다시 짓는 전환의 시기다. 지금까지의 커리어를 점검하고, 변화된 기술 환경과 정체성 사이의 간극을 재조정해야 한다.

AI 시대, 중장년이 갖는 세 가지 도전 과제

중장년의 시기는 주된 직장을 떠나 새로운 도전이 시작되는 시기로, 단순한 적응이 아니라, 자기다운 커리어 정체성을 새롭게 디자인하고 자신만의 경쟁력을 위한 구조의 전환이 필요한 시기다. AI 기술은 단순히 '도구의 진보'가 아니라, 인간과 일의 관계를 근본적으로 바꾸고 있다. 이런 변화는 어느 세대보다도 중장년에게 더 직접적이고 구조적인 도전으로 다가온다.

첫째, 더는 '오랜 경험'만으로는 경쟁력이 되지 않는다. 중장년이 가장 많이 의존하는 자산은 오랜 경험과 직무 전문성이다. 하지만 AI는 과거의 경험 축적 없이도 일정 수준의 성과를 낼 수 있게 한다. 이러한 변화는 단순히 '기술을 배워야 한다'는 문제가 아니다. 과거의 직무 기반 정체성(예: 회계 전문가)이 가치 기반 정체성(데이터를 기반으로 문제를 해결하는 사람)으로 이동해야 함을 뜻한다.

둘째, 이제 '할 수 있는 일'이 아니라 '왜 하는가'가 중요한 시대가 되었다. AI는 '일'의 수행 능력을 인간보다 더 빠르고 효율적으로 대체할 수 있게 되었다. 따라서 인간이 맡아야 할 일은, 기계가 할 수 없는 '의미 기반 역할'로 재편되고 있다. 중장년의 경우, 이 질문은 훨씬 더 본질적인 도전이다. 과거에는 회사가 정한 목표를 따라가는 방식이었지만, 이제는 스스로 자신의 일에 의미를 부여하고 그 목적을 설계할 수 있어야 한다.

셋째, 정년 이후의 삶은 '마무리'가 아니라 '새로운 절반'의 인생이 시작되는 시기다. AI와 무관하게, 중장년이 맞이한 근본적 변화 중 하나는 인생의 확장이다. 즉, 우리는 퇴직 이후 적어도 30년 이상을 더 살아야 하는 구조에 들어섰지만, 이를 위한 커리어 설계와 사회 구조는 여전히 과거의 60세 은퇴 모델에 머물러 있다. 게다가 이 시기는 단순한 경제적 생존을 넘어, 돌봄, 사회적 역할, 자기 실현 등 다양한 역할이 중첩되는 시기다. 그럼에도 이 시기를 위한 커리어 옵션은 대부분 비정규직, 단순 직무에 제한되어 있다. AI로 인해 일의 구조가 바뀌고, 그와 동시에 더 길어진 삶이 주는 부담까지 겹치며, 중장년은 커리어 전환을 통해 제2의 인생을 자율적으로 설계하는 역량이 더욱 절실하게 요구된다.

결국 중장년에게 필요한 건 적응이 아니라 전환이다. 이 세 가지 도전은 단순히 새로운 기술을 배우는 문제나, 기존의 일을 더 오래 유지하는 문제를 넘어선다. 중장년 커리어 전환의 핵심은 단순한 '적응(adaptation)'이 아니라 새로운 삶의 시기에 직면하는 '자기다움의 재정의(re-design)'에 달려 있다. 나의 전문성을 어떻게 새롭게 정의할 것인가? 나의 일이 어떤 의미를 가져야 하는가? 더 길어진 삶을 어떤 방식으로 설계할 것인가? 이 질문들에 대한 자신만의 디자인이 필요하다.

AI 시대, 중장년의 커리어 전환 접근법

중장년의 커리어 전환은 모두에게 평등하게 열려 있지 않다. 스스로를 재정의하고, 질문하고, 배우고, 연결하고, 실행하는 자에게만 길이 열린다. AI 시대는 잔인할 수 있지만, 그런 동시에 공정하다. 과거 직책이 아닌, 지금의 나를 증명하는 시대이기 때문이다. 중장년의 커리어 전환은 단순한 '재취업'이 아니라, 의미를 가진 역할 재설정이 필요한 만큼, 이를 위해서는 접근법도 달라야 한다.

AI 시대, 중장년의 커리어 전환을 위해 실증적 사례와, 심리학, 조직 행동학, 중장년 전환 이론에 기반한 전략적 실천 프레임워크로 크래프트 모델(CRAFT model)을 살펴보고자 한다.

새로운 커리어 정체성 디자인(Create Identity)

중장년의 새로운 커리어 전환은, 직업의 변화에 앞서 자신의 정체성 전환을 위한 과정을 충분히 거쳐야 한다. 자기다운 삶의 방향을 재설정하고, 이에 맞는 자신의 커리어 목표를 다시 재조정하는 과정을 통해 구체화될 수 있다. 유럽연합(EU)의 연구에 따르면, 성공적으로 전환한 중장년층은 새로운 기술을 익히기 전에 먼저 자신의 강점 · 가치 · 흥미를 기반으로 역할을 재정의했다는 공통점이 있다. 즉, 다단계 생애 설계가 성공하려면 기술 습득에 앞서, 먼저 자신의 삶과 역할을 다시 정의하는 과정이 반드시 필요하다는 것이다.

미국의 비영리단체 앙코르(Encore.org)의 연구에서도, 중장년이 커리어 전환에 성공한 사례는 자기 이해와 삶의 목적성을 중심으로 한 재설계에서 출발한다는 것을 명확히 보여 준다. 이처럼 중장년기에 성공적인 커리어 전환을 한 사람들은 단순한 생계를 넘어, 사회적 가치 창출과 연결된 역할을 통해 심리적 만족과 삶의 의미를 재발견하였다는 것을 보여 준다. 이처럼 AI 시대의 중장년 커리어 전환은 단순히 '일을 계속할 수 있는가'라는 질문에 머무르지 않는다. 더 본질적으로는 '앞으로 나는 어떤 의미 있는 삶을 살아갈 수 있는가?'에 대한 깊은 탐색이다.

사회적 지원 확보(Reach Support)

중장년기로의 진입은 새로운 정체성의 전환을 거쳐, 새로운 방식의 성장을 디자인하는 과정이며, 이는 결코 자기 혼자만의 일이 아니다. 중장년기의 커리어 전환은 다양한 사회적 관계 안에서 일어나는 만큼, 자신을 둘러싼

주요 사회적 관계에서의 상호 이해와 지원이 매우 중요한 의미를 갖는다. 특히 삶의 공동체를 이루는 가족 구성원이 공감대를 갖고 심리적 · 정서적으로 지지하고 공감대를 이룰 수 있어야 한다. 만일 이러한 사회적 지지(social support)와 공감 없이 새로운 정체성과 커리어 전환은 실제 많은 어려움을 야기할 수밖에 없다.

새로운 생산 자산으로서의 전문성 확장(Acquire Skills)

새로운 정체성에 맞는 커리어 목표와 방향을 정하고, 이를 위한 사회적 지지를 확보했다고 해서 바로 새로운 일을 시작할 수 있는 것은 아니다. 새로운 일에 맞는 지식과 역량, 경험을 갖추어야 그 일을 해낼 수 있다. 따라서 새로운 커리어 전환은 필연적으로 새로운 학습과 기술 개발을 필요로 한다. 특히, AI 시대의 새로운 커리어는 이러한 기술 변화의 특성을 고려해 기존의 익숙한 지식과 기술 전문성의 범위를 넘어, 새로운 확장도 요구된다. 이는 결국 의도적인 노력과 충분한 학습 과정이 필수적으로 요구된다. 이러한 관점에서 중장년의 시기에 새로운 지식과 스킬의 학습을 위한 갭 이어(gap year)는 매우 중요한 의미를 갖는다. 또한 중장년 이후 커리어 전환을 위한 학습 과정에는 반드시 과거 경험과 전문성을 새롭게 통합하는 과정을 거쳐야 한다. 기존의 경험과 지식, 전문성이 새로운 영역에 통찰력 있는 새로운 가치로 전환될 때, 자기다운 커리어를 실천할 가능성이 커진다.

사회적 네트워크 연결을 통한 기회 창출(Find Right People)

중장년 시기의 새로운 커리어 전환은, 기존과 다른 새로운 세계로의 진입을 의미한다. 이는 기존의 경험 범위를 넘어, 새로운 사회적 네트워크의 힘을 필요로 한다. 따라서 중년 이후 새로운 커리어는 기존의 사회적 관계망을 충분히 활용할 뿐 아니라, 더 적극적인 관계 네트워크의 확장과 활용을 필요로 한다. 이러한 사회적 네트워크는 그동안 친밀하고 가까웠던 강한 연결(strong-tie)을 넘어, 약한 연결(weak-tie)이 더 강력한 힘이 될 수 있다. 심지어 그간 관계가 멈췄던 휴면 관계(dormant-tie)까지 확장할 수 있어야 한다.

액션 퍼스트(Take Action First)

중장년 이후의 커리어 전환은 성찰과 생각만으로는 한계가 존재할 수밖에 없다. 커리어 개발 분야 전문가인 허미니아 이바라(Herminia Ibarra) 박사 연구에 따르면, 성인의 커리어 전환은 실제 행동을 통한 탐색과 실험이 우선해야 한다고 강조한다. 새로운 커리어로 전환하고자 한다면, 그 일이 실제 자신에게 적합한지, 의미를 경험할 수 있는지, 잘할 수 있는지를 직접 해 보며 체험해야 한다. 그래서 단순히 성찰하고 계획하는 것을 넘어, 지금 당장 가능한 범위에서 작은 경험과 실천, 실험을 우선으로 해 보는 것이 필요하다. 무언가 해 보고 싶은 분야를 찾았다고 바로 달려드는 것이 아니라, 그 일을 단기로 해 볼 기회를 만들어 보고, 체험해 보는 과정을 갖고, 그러고 나서 본격적인 실행하는, 액션 퍼스트 접근이 요구된다.

AI를 비롯한 기술은 끊임없이 변하고, 이에 따라 역할도 변한다. 하지만 나 자신을 이해하고 삶을 의미 있게 만드는 일은 언제나 각자의 몫이다. 중장년의 커리어 전환은 단순한 직업의 확보를 넘어, 삶의 후반기를 더욱 풍요롭고 의미 있게 만드는 귀중한 여정이 되어야 하며, 이를 위한 의도적인 준비와 변화의 과정이 필수적이다.

참고문헌

European Commission/EACEA/Eurydice(2021). *Adult education and training in Europe: Building inclusive pathways to skills and qualifications.* Publications Office of the European Union.

Gratton, L. & Scott, A. (2016). *100 year life.* 안세민 옮김(2020). 《100세 인생》. 클.

Ibarra, H.(2023). *Working identity, updated edition, with a new preface: Unconventional strategies for reinventing your career.* Harvard Business Review Press.

Levinson, D. J.(1986). *The seasons of a man's life: The groundbreaking 10-year study that was the basis for passages!.* Ballantine Books.

Microsoft(2024). *AI at work is here. Now comes the hard part*(2024 Work Trend Index Annual Report). Microsoft & LinkedIn. https://www.microsoft.com/en-us/worklab/work-trend-index/ai-at-work-is-here-now-comes-the-hard-part

OECD(2019). *Working better with age: Korea.* Ageing and Employment Policies, OECD Publishing. https://www.oecd.org/en/publications/working-better-with-age-korea_9789264208261-en/full-report.html

Yerramilli-Rao, B. et al.(2025). Strategy in an era of abundant expertise. *Harvard Business Review,* (3-4). https://hbsp.harvard.edu/product/R2502W-PDF-ENG

05
중장년 시기, 새로운 정체성을 디자인하다

중년에 맞이하는 새로운 커리어 전환은, 단순한 직업의 변화가 아니다. 이는 자신의 정체성을 새롭게 재구성하는 과정이며, 자기다운 커리어를 통해 현실화하는 과정이다. 자기다운 삶의 방향을 재설정하고, 이에 맞는 자신의 커리어 목표를 다시 재조정하는 과정이 반드시 필요하다. 이는 '나는 누구인가'라는 질문에서 출발해, 자신의 재능과 열정을 기반으로 자신과 타인에게 의미 있는 가치를 창출하는 방향으로 커리어 목표를 재설정하는 것이다.

AI와 아이돌?

'나다운 정체성'에서 길을 찾다: 나의 고유성 인식

하나의 주체적 인격체로서 누군가를 안다고 할 때, 우리는 무엇을 아는 걸까? 또 자기 자신을 안다는 것은 나 자신에 대해 무엇을 안다는 것일까? '나는 누구인가?'라는 이 질문은 매우 단순하지만 막상 자신을 설명하려 하면 무엇을 이야기해야 할지 금세 말문이 막혀 버리고 만다. 이 질문에 대한 설명 중 2000년 노벨 생리 의학상을 수상한 에릭 캔들(Eric Kandel)의 관점은 눈여겨볼 만하다. 에릭 캔들은 나치에 의한 홀로코스트의 끔찍한 경험을 하고, 세계적인 신경 과학자가 된 인물이다. 캔들은 어린 시절 나치가 자신의 집 문을 두드리던 소리를 여전히 생생하게 기억한다고 말하며, "우리가 '우리'인 것은 배우고 기억하는 것들 때문(We are who we are largely because of what we learn and what we remember)"이라고 강조한다. 만일 사람에게 기억이 없다면 자신의 개인사를 알지 못하며, 더는 삶의 매 순간을 회상할 수 없고, 결국 자신을 알 수 없다고 강조한다. 나라는 존재는 결국 나의 '기억', 즉 메모리라는 것이다. 캔들에 따르면 기억은 우리 삶의 연속성을 제공한다. 기억은 과거에 대한 정합적인 상을 제공하고, 그 상은 현재의 경험을 일목

요연하게 설명하기도 한다. 기억은 매우 불완전하고 부정확하며, 때로는 왜곡이 일어나기도 하지만, 기억의 결합력이 없다면 경험은 그저 산산이 부서진 조각에 지나지 않는다. 결국 기억이 제공하는 정신적 시간 여행이 없다면 우리는 결코 개인의 정체성을 알지 못하며, 삶의 이정표로 작동하는 순간들도 회상할 길이 없기 때문이다. 그래서일까? 많은 사람이 가장 두려워하는 병은 바로 '알츠하이머', 즉 '치매'다. 치매가 무서운 이유는 자신이 누구인지, 그리고 자신이 사랑하는 사람조차 기억하지 못하고 살아가게 되고, 그래서 자신의 정체성을 망각하게 되기 때문이다.

정체성 발견의 첫 시작이 내가 누구인지 아는 과정이라면, 그것은 자신의 기억을 복원하는 일이다. 왜냐하면 나의 '나됨'은 바로 나의 기억을 통해 발견할 수 있기 때문이다. 기억을 잃어버리면 결국 내가 누구인지 알 수 없게 된다.

혹자는 우리가 지향하는 정체성은 과거가 아닌 미래에 있는데, 그렇다면 미래가 중요하지 왜 과거 기억이 중요하냐고 질문하기도 한다. 그러나 현재와 미래를 잘 살아가기 위해서는 과거를 복원해 우리 모습을 제대로 이해할 필요가 있다. 우리는 과거, 현재, 그리고 미래라는 시간적 위치에서 살아가는 존재다. 그러나 생각해 보면 세상 어느 누구도 미래를 경험한 사람은 없다. 우리가 경험할 수 있는 것은 오직 과거와 현재일 뿐이다. 미래는 과거와 현재의 삶을 통해 상상하고 새롭게 디자인하는 세계다. 그렇다면 현재는 어떨까? 현재에 오래 머물고 싶지만 현재도 오래 머물 수가 없다. 현재를 마주하는 순간, 과거가 된다. 뇌 과학적으로 우리가 인식하는 현재는 몇 초에 불과하다고 한다. 결국 우리가 경험하고 마주하는 현실은 과거인데, 이 과거는 그저 지나간 삶의 흔적이 아니라, 과거의 자기 삶이 현재 나에게 어떤 의미로 재해석되고 기억하는지가 중요하다.

나라는 존재는 어느 날 갑자기 지금의 모습이 된 것이 아니다. 다양한 삶의 과정에서, 수많은 굴곡과 경험을 통해 오늘의 내 모습이 된 것이다. 나를 이해한다는 것은 과거 내 삶의 스토리를 이해하는 과정이고, 그 과정에서 나다운 삶의 모습과 흔적을 발견하고, 미래에 내가 살아가고자 하는 삶의 방향을 찾고 디자인하는 과정이다. 만일 미래에 대한 내 삶의 방향이 불확실하고 혼란스럽다면, 그것은 자신의 과거 모습을 제대로 복원하지 않았기 때문일 가능성이 크다. 내 삶의 여정에서 내가 무엇을 경험했고, 언제, 어떤 과정에서 행복과 불행, 어려움과 가치를 경험했는지 이해하고 복원하는 과정이 현재 나의 모습과 미래 내 모습을 발견하는 첫 시작이 되기 때문이다.

2002년 노벨 경제학상을 수상한 대니얼 카너먼(Daniel Kahneman)은 우리에게는 경험하는 자아(experiencing self)와 기억하는 자아(remembering self)가 있다고 말한다. 매 순간 세상을 느끼고 숨 쉬며 살아가는 것은 경험하는 자아지만, 순간의 경험을 묶어 인생의 스토리를 만들고 미래를 꿈꾸게 만드는 것은 기억하는 자아라는 것이다. 기억이라는 것은 불완전하고, 부정확하다. 너무 쉽게 왜곡되기도 한다. 그러나 기억하는 자아가 삶을 의미 있게 만들고, 우리 인생을 새롭고 꿈꾸게 만든다. 그래서 기억하는 자아가 사라지면 인생 자체가 멈춰 버린다고 강조한다.

정체성을 연구하는 학자들에 따르면 자신의 정체성을 드러내는 유일한 방법은 '스토리'라고 말한다. 즉 '나는 누구인가?'라는 질문은 자기 삶의 스토리로 이야기할 때 드러날 수 있다는 것이다. 이 스토리는 내가 어디에서 왔고, 어떤 삶을 살았으며, 이 과정에서 자신의 삶을 이끌어가는 동력과 가치는 무엇이고, 그래서 앞으로 어떤 삶을 살아갈 것인지에 대한 스토리다. 결국 내 삶의 주제와 스토리는 무엇이며 나는 어떤 방향으로 살아갈 것인지에 대한 질문이다.

나를 찾는 첫 과정이 나의 과거와 기억을 의미 있게 복원하는 일이라면, 우리 삶의 모습을 잘 살펴보는 것부터 시작할 필요가 있다. 지금 나의 모습을 만들었던 결정적 사건들은 무엇이고, 어떤 경험을 했고, 무엇을 느꼈고, 그것이 내 삶에 어떤 영향을 미쳤는지를 이해하는 과정이 필요하다. 내가 내 삶의 과정과 흔적과 기억을 복원할 때 나는 나의 진짜 모습에 다가설 수 있기 때문이다.

나의 최종 고객은 누구이며, 이들의 욕구는 무엇인가?

자기다운 커리어는 두 가지 특성을 동시에 내포한다. 자기다움에 기반한 고유성과 더불어, 커리어를 통해 가치가 적용되는 '고객'의 욕구다. 커리어는 결국 내가 좋아하고 잘할 수 있는 자신의 고유성을 통해, 다른 사람에게 가치 있는 일을 드러내는 과정이다. 만일 자신이 좋아하지도, 의미를 느끼지도 못하는 일을, 그저 다른 사람의 요구에 대응하기 위해 한다면 그 일을 잘할 수도, 지속하기도, 가치를 느끼기도 어렵다. 따라서 자신의 커리어 전문성이 누구를 향하는지, 최종 고객이 누구인지, 이들이 갖고 있는 숨은 욕구는 무엇인지, 그것을 어떻게 해결할 것인지에 대한 자신의 방향이 필요하다.

'대체됨의 불안'이 커진 현재, 대체 불가능한 존재가 되는 방법의 비밀은 다른 사람의 '숨은 욕구'를 발견하고 해결하는 과정에서 현실화될 수 있다. 숨은 욕구란, 겉으로 드러나지 않지만, 그 사람이 갖고 있는 아픔과 어려움을 말한다. 사람들은 자신의 욕구를 잘 드러내지 못할 때가 많다. 숨은 욕구를 발견해 내기 위해서는 호기심을 갖고 관찰하고, 물어보고, 깊게 탐색하는 과정이 필요하다. 나의 커리어 전문성을 통해 하고자 하는 일의 최종 고객이 누구이며, 이들이 어떤 아픔과 열망을 갖고 있는지, 나는 어떤 문제 인식을 갖고 이들을 도울 것이며, 이들을 잘 돕기 위해 어떤 역량과 지식이 필요한지, 어떤 방식의 접근이 필요한지에 대한 깊은 이해와 충분한 준비가 필요하기 때문이다.

정체성에 기반한 '나다운 커리어'를 디자인하다

세계에서 가장 뛰어난 혁신가로 인정받는 스티브 잡스(Steve Jobs)는 2005년, 스탠퍼드 대학의 졸업생 앞에서, 15분이 채 되지 않는 짧은 시간을 통해 자신의 삶에 있었던 3가지의 스토리로 이야기를 전한다. 첫 번째 이야기는 삶의 각 흔적과 사건들이 결국 서로 연결되는 과정(connecting dots)에 관한 것이다. 우리 삶은 마치 각각 독립적이고 단절되어 있는 사건들의 연속처럼 보이지만, 그 각각의 점이 연결되어 지금의 나를 설명하는 하나의 스토리가 된다. 마치 하늘의 별이 아무런 의미와 규칙 없이 존재하는 것처럼 보이지만, 각각을 연결하고 우리가 의미를 부여하는 순간, 그것이 자신의 별자리가 되는 것과 유사하다. 스티브 잡스는 대학생이었던 미혼모의 사생아로 태어났다. 그래서 양부모에게 입양되어 살게 된 과정, 대학에 입학했으나 중도에 포기하고, 오히려 관심 있었던 서체 강좌를 청강하며 그 매력에 빠지게 된 자신의 삶의 스토리를 이야기한다. 사실 그리 중요하지도, 아무 쓸모도 없을 것이라 여겼던 이 과정이 이후 애플을 창업하고 매킨토시를 개발하면서, 기존에는 존재하지 않았던, 다양하고 아름다운 서체를 컴퓨터에 접목하는 계기로 이어진다. 우리 삶의 흔적들은, 당시에는 미래를 내다보고 점을 잇는 것을 미리 생각하거나 예측하기란 불가능에 가깝다. 하지만 시간이 지나 과거를 되돌아보며 그 의미를 복원할 때, 내가 어디에서 왔고, 어디로 가고 있는지 나를 발견하는 중요한 토대가 된다.

두 번째 스토리는, 자신이 창업한 애플에서 쫓겨나고, 새로운 회사를 만들고, 그러다가 다시 애플로 돌아온 후, 완전히 새로운 혁신으로 거듭난 과정의 스토리를 이야기한다. 우리가 하는 수많은 일이 인생의 많은 부분을 채우게 될 것인데, 진정으로 만족할 수 있는 유일한 길은 스스로 훌륭하다고 생각하는 일을 하는 것이라고 강조한다. 그렇다면 그 훌륭한 일을 어떻게 할 수 있을까? 스티브 잡스에 따르면, 훌륭한 일을 하는 유일한 길은 자신의 일을 사랑하는 것이며, 만일 그 일을 찾지 못했다면 계속 찾아야 한다고 말한다. 내가 좋아하는 것, 가치 있게 생각하는 것, 내가 가진 전문성과 강점을 충분히 발휘할 수 있는 일에서 우리는 나다운 삶의 모습을 발견할 수 있기 때문이다. 세 번째 스토리는 죽음에 대한 이야기를 전한다. 당시 스티브 잡스는 이미 췌장에 암이 있다는 것을 발견한 상태로, 죽음을 직면한 상황이었다. 삶은 결국 죽음을 향해 가는 여정이다. 이는 우리에게 시간이 한정되어 있음을 의미한다. 스티브 잡스는 다른 사람의 삶을 사느라 시간을 허비하지 말 것을 강조한다. 다른 사람들이 생각한 결과에 맞춰 사는 함정에 빠지지 말아야 한다는 것이다. 그러기 위해 가장 중요한 것은 자신이 진정으로 하고자 하는 것이 무엇인지 알아야 하고, 자신의 마음을 따르는 용기를 가져야 한다고 강조한다.

나는 누구인가? 나는 어디에서 왔고, 또 어디로 가는가? 이 질문들은 내 삶의 스토리를 통해서만 설명될 수 있다. 행복한 나로 살아간다는 것은, 자신의 정체성을 발견하고 자신답게 살아간다는 것이며, 이는 자기 삶의 스토리를 스스로 디자인하고 실현하는 과정에서 체험할 수 있다.

우리는 자신의 고유성을 발견하기 위한 여러 여정을 거쳐 왔다. 지금 내 모습이 있기까지의 과거 사건과 기억을 복원하는 시간을 가졌다. 내 삶의 전환을 가져다주었던 터닝 포인트 사건을 만났고, 또 큰 성취와 성공, 행복을 주었던 사건도 만났다. 어렵고 힘들었던 시련의 과정에서 자신이 발견한 모습이 무엇인지도 확인해 보았다. 이 각각의 점들은 서로 연결되어 지금의 자기 모습과, 미래 삶의 방향을 가이드한다. 내 삶의 터닝 포인트 스토리가 나에게 주는 키워드는 무언인지, 또 지금까지 자신의 커리어 경험을 통한 전문성은 어디에 있는지, 자신에게 가장 가치 있고 의미 있으며, 즐겁고 행복하게 여기는 자신만의 키워드를 찾아볼 필요가 있다. 여기에 나의 새로운 커리어를 통한 최종 고객은 누구인지, 이들이 가진 숨은 열망은 무엇이며, 어떤 도움을 필요로 하는지, 나의 고유성은 이들을 어떻게 도울 수 있는지를 구체화해 보아야 한다. 그리고 이 새로운 커리어가 미래에 어떤 방향으로 진화하고 있는지 탐색하고, 지금 무엇을 준비해야 하는지 살펴야 한다. 자신의 고유성과 커리어 전문성, 미래 고객의 숨은 욕구가 만나는 지점에 자기다운 커리어를 만날 수 있으며, 자기답게 디자인해 낼 수 있다.

참고문헌

박선웅(2020). 《정체성의 심리학》. 21세기북스.

Deshmukh, S. & Sharma, R.(2025). Career transitions in midlife: Exploring meaning-making and role adjustment. *KMAN Counseling & Psychology Nexus, 3*(1), pp.1~9. doi:10.61838/kman.ooc.psynexus.3.6

Kahneman, D. (2011). *Thinking, fast and slow*. Farrar, Straus and Giroux. 이창신 옮김(2018). 《생각에 관한 생각》. 김영사.

Kandel, E. R.(2007). *In search of memory: The emergence of a new science of mind*. WW Norton & Company.

Montagu, M.(2024.10.25). Now is the time! Rewrite your story during a life transition. https://margarethamontagu.com/rewriting-your-story-transforming-personal-narratives-during-life-transitions/

Schacter, D. L. & Addis, D. R.(2007). The cognitive neuroscience of constructive memory: Remembering the past and imagining the future. *Philosophical Transactions of the Royal Society B: Biological Sciences, 362*(1481), pp.773~786.

Woodhouse, J.(2025.4.8). How AI is revolutionizing mid-career transitions: The tools you need to succeed. LinkedIn. https://www.linkedin.com/pulse/how-ai-revolutionizing-mid-career-transitions-tools-you-woodhouse-pvjlc

06
함께하는 커리어 전환, 사회적 지지를 확보하라

중장년의 커리어 전환은 생각보다 훨씬 더 외롭고 고립감을 동반하는 여정이다. 그러나 혼자 하는 전환은 오래가지 못한다. 진정한 커리어 전환은 혼자의 결심이 아니라, 함께 지지하고 응원해 주는 사람들과의 연결 속에서 이루어진다. 특히 가족의 이해와 지지는 실천의 동력이 되고, 주변 관계망은 불확실한 상황 속에서 희망과 기회를 확장하는 기반이 된다.

AI와 야구?

커리어 전환은 '혼자가 아닌 함께'하는 여정이다

중장년의 커리어 전환은 단순한 직무 변경이나 이직이 아니다. 그것은 오랫동안 쌓아 온 자신만의 정체성과 역할이 해체되고 다시 새롭게 구축되는 '심리적 재구성'의 과정이다. 이러한 전환은 겉보기엔 이력서 한 줄의 변화로 보일 수 있지만, 실제로는 자신의 존재 가치에 대한 물음과 마주하는 존재적 도전이다. 많은 중장년은 주된 직장을 떠난 후 스스로에게 묻는다.

"나를 여전히 필요로 하는 곳이 있을까?"
"내가 여전히 쓸모 있는 사람일까?"

이 질문에 답하지 못한 채 시간을 보내다 보면, 사람은 점점 불안과 위축, 고립감 속으로 빠져든다. 특히 이전 직장에서 인정받고 책임감을 가지고 일했던 사람일수록, 이제는 조직에서의 역할이 사라졌다는 사실이 자기 존재감의 공백으로 이어지기 쉽다. 바로 이 지점에서 필요한 것이 사회적 지지다. 자신이 여전히 누군가에게 의미 있는 존재라는 경험, 그리고 자신의 전환을 응원하는 타인의 한마디가 주는 힘은 그 어떤 자격증이나 코칭보다도 강력한 변화의 동력이다.

심리학자 낸시 슐로스버그(Nancy Schlossberg)는 '성인의 전이(transition)'에 관한 연구를 통해 전환의 성공 여부는 그 사람의 내적 자원뿐 아니라, 사회적 지지의 질과 양에 따라 결정된다고 강조한다. 사람들이 인생의 중요한 전환기를 잘 통과하려면 상황(situation), 개인적 특성(self), 사회적 지지(support), 대처 전략(strategies) 등 네 가지 요인이 중요하다고 보았다. 이 중 '사회적 지지'는 특히 전환을 '위기'가 아닌 '기회'로 바꾸는 데에 결정적인 역할을 한다. 동시에, 불확실성과 불안정성 속에서 실행력을 유지하게 하는 안전망이며, 실패해도 다시 일어날 수 있게 도와주는 심리적 에너지원이 된다.

가족과의 대화, 커리어 전환의 실질적인 시작점

중장년의 커리어 전환에서 가장 먼저 해야 할 일은 '가족과의 대화'다. 그러나 많은 이는 이를 미루거나 피한다. 막상 현실을 드러냈을 때 상대의 반응이 두렵기 때문이다. 하지만 지지를 요청하지 않으면 지지는 생기지 않는다. 커리어 전문가들의 연구에 따르면, "혼자만의 커리어 전환 노력은 지속 가능하기 어렵다"라고 말한다. 가족과의 열린 대화는 단순한 동의가 아닌 심리적 안전망을 구축하는 과정이다.

이형준(가명) 씨는 28년간 제조업체에서 품질 관리 팀장으로 근무하다가 54세에 퇴직했다. 그는 처음 몇 달간 아내에게조차 퇴직 사실을 말하지 못했다. 하지만 점점 자존감이 낮아지고, 외출조차 꺼리는 상황에까지 이르렀다. 그러던 중, 딸이 진지하게 물었다. "아빠, 요즘 왜 이렇게 힘없어 보여요? 무슨 일 있어요?" 그 순간, 처음으로 자신의 상황을 가족에게 털어놓았다고 한다. 돌아온 반응은 의외였다. 아내는 이렇게 말했다. "지금까지 그렇게 오래 일했잖아요. 이번엔 당신이 하고 싶은 일 한번 해 봐요. 돈은 내가 조금 더 벌면 되죠." 이후 그는 예전부터 흥미를 느꼈던 기술 교육 강사에 도전했고, 현재는 지역 기술인력개발센터에서 기술 강사로 새로운 삶을 시작하고 있다.

중장년 커리어 전환에서 지지자가 있는 삶은 매우 중요하다. 많은 중장년은 '가족이 자신을 이해하지 못할까 봐' 걱정하며 말하기를 주저한다. 그러나 말하지 않으면 아무도 알 수 없고, 지지와 응원을 보탤 수도 없다. 지지를 받기 위해 필요한 것은 단 한 가지, 이야기하는 용기다. 이러한 '커리어 전환 대화'는 사회적 지지를 유도할 뿐 아니라, 자신에게도 정체성을 명확히 하고 행동을 촉

진하는 심리적 '계약' 역할을 한다.

관계의 질이 전환의 지속력을 결정한다

커리어 전환은 순간의 용기로 되는 것이 아니다. 그것은 생각보다 길고, 때로는 버티는 과정이기도 하다. 처음에는 미래를 향한 희망으로 시작하지만, 현실은 자주 마음을 흔든다. 기대했던 기회가 무산되기도 하고, 자신감이 꺾이기도 하며, 나를 믿어 주던 사람조차 실망한 눈빛을 보일 때가 있다. 바로 그럴 때, 관계의 질이 전환의 지속력을 결정한다.

많은 중장년이 커리어 전환을 결심할 때 '혼자 하는 용기'를 중요하게 여긴다. 하지만 그 결심이 '지속되는 실행'으로 이어지려면, 주변 사람들과의 정서적 연결과 심리적 지지가 반드시 필요하다. 이 지지는 단순한 위로가 아니라, 흔들릴 때 나를 붙잡아 주는 말 한마디, 회의감이 들 때 방향을 다시 잡게 해 주는 존재다. 사회적 지지는 일방적으로 주어지는 것이 아니다. 지지를 요청하려면, 먼저 나의 내면을 드러내야 한다. 많은 중장년은 '괜찮은 척'하느라 오히려 관계에서 단절된다. 하지만 '강한 척'이 관계를 살리는 건 아니다. 정서적 지지는 내가 약함을 드러낼 때, 즉 도움받을 수 있는 사람임을 인정할 때 시작된다.

지지를 주는 사람이 반드시 가족일 필요는 없다. 오히려 가족은 너무 가까운 관계이기에 현실적인 조언이나 감정적 거리 두기가 어려울 때도 있다. 그렇기에 전환의 길에서 가장 큰 버팀목이 되어 주는 사람은 때로는 함께 일했던 동료, 선배, 같은 관심사를 공유하는 커뮤니티의 낯선 친구일 수 있다. 이들을 우리는 '관계 자산'이라 부른다. 그들은 내 선택을 직접 평가하지 않기에 오히려 더 넓게 들어 주고, 더 자유롭게 이야기할 수 있다.

관계는 도구가 아니라 전환의 기반이다. 누구와 연결되어 있느냐에 따라 내가 보는 가능성의 범위가 달라지고, 내가 품을 수 있는 미래의 크기도 달라진다. 커리어 전환은 나 혼자 쓰는 이야기 같지만, 사실은 관계 속에서 완성되는 공동 저작물이다. 그리고 그 첫 문장은, "나, 요즘 이런 고민을 하고 있어"라는 말로 시작될 수 있다.

지속 가능한 커리어 전환을 위한 지지자 설계

커리어 전환은 단순히 감정을 나누는 차원을 넘어서, 전환 이후에도 실천이 지속되도록 돕는 '지지자의 설계'가 필요하다. 첫째, 어렵고 힘들 때 함께 이야기하고, 공감해 주는 존재로서, 정서적 지지자(emotional supporter)

가 요구된다. 이들은 감정적으로 편안한 공간을 만들어 주는 지지자로서 배우자, 친구, 또는 믿을 수 있는 멘토가 여기에 해당된다. 둘째, 커리어 전환 과정에서 필요한 정보와 조언을 제공해 주는 사람으로서 정보 제공자(informational provider) 역시 매우 중요하다. 가령 관련 업계 네트워크의 지인을 비롯해, 관심 분야의 전문가, 혹은 중장년의 커리어 전환을 돕는 전문 기관 등이 이에 포함된다. 셋째, 커리어 전환 과정 중 생기는 결정을 객관적으로 바라봐 주는 사람으로서 평가자(appraisal agent)도 매우 중요한 지지 그룹이다.

이 세 가지 유형을 균형 있게 구성하는 것이 커리어 전환의 지속 가능성을 키운다. 커리어 전환에 대한 연구에 따르면, 커리어 전환 후 정서적 지지와 정보 지지를 모두 경험한 사람은 그렇지 않은 사람보다 전환 후 만족도가 두 배 이상 높았으며, 구직 지속률도 유의미하게 높았다. 즉, 커리어 전환은 단순히 '좋아하는 일'을 혼자 찾는 여정이 아니라, '누구와 함께 이 길을 갈 것인가'를 설계하는 과정이다. 지지자 그룹은 '내가 감정적으로 무너지지 않게 해 주는 울타리'이자, '실행력이 꺾이지 않도록 옆에서 가이드를 주는 내비게이터' 역할을 한다.

따라서 커리어 전환을 준비하는 초기 단계에서 자신

에게 필요한 지지자 매핑을 작성해 볼 수 있다. 지금 자신이 의논할 수 있는 사람들을 떠올려 보고 앞의 세 가지 유형으로 분류해 볼 수 있으며, 만일 공백이 있는 영역은 새로운 연결을 통해 지지 그룹을 확장해 가면서, 커리어 전환 과정을 구체화할 수 있다.

커리어 전환은 누구에게나 낯설고 두렵다. 하지만 그 낯섦과 두려움 속에서도 함께 걸어 줄 누군가가 있다면, 전환은 새로운 기회로 바뀔 수 있다. 전환의 성공은 의지만으로는 어렵다. 지속 가능한 커리어 전환은 지지를 함께 나눌 수 있는 관계에서 시작된다.

참고문헌

Alboher, M.(2012). *The encore career handbook: How to make a living and a difference in the second half of life*. Workman Publishing.

Anderson, M. L. et al.(2011). *Counseling adults in transition: Linking Schlossberg's theory with practice in a diverse world*(4th ed.). Springer Publishing Company.

Bernstein, E. et al.(2024). *Job moves: 9 steps for making progress in your career*. HarperCollins Publishers.

Chang, E. S. et al.(2023). Editorial: Social relationships and career development throughout the lifespan: identifying patterns of shared and non-shared agency. *Frontiers in Psychology, 14*. doi:10.3389/fpsyg.2023.1235829

Ibarra, H.(2023). *Working identity: Unconventional strategies for reinventing your career*(Updated ed.). Harvard Business Review Press.

Schlossberg, N. K.(1981). A model for analyzing human adaptation to transition. *The Counseling Psychologist, 9*(2), pp.2~18.

Vogelsang, E. M. et al.(2018). Emotional well-being following a later life career change: The roles of agency and resources. *The International Journal of Aging and Human Development, 87*(4), pp.327~346.

07
새로운 생산 자산으로서의 전문성 확장

커리어 전환은 단순한 방향 전환이 아닌 만큼, 반드시 자신만의 새로운 생산 자산을 구축해야 한다. 과거 자신의 경험과 전문성을 바탕으로, 현재의 변화에 맞는 지식과 기술을 새롭게 획득하고 통합하는 과정이 요구된다. 특히 AI 시대의 도래는 학습과 성장의 양상을 전혀 다른 국면으로 전환했다. 따라서 새로운 커리어 전환에 필요한 스킬을 갖추고, 경험을 통합하고, 기술을 연결하며, 집중할 수 있는 시간과 구조를 설계하는 전략이 필요하다.

AI와 윤동주?

학습을 통해 새로운 커리어 역량을 갖추는 일

AI 시대의 커리어 전환은 저절로 자연스럽게 흘러가는 일이 아니다. 중장년에게 새로운 커리어 전환은 '의도적인 학습'과 경험을 통해서만 가능하다. 새로운 커리어에 맞는 전문 기관의 교육이 있다면 적극적으로 찾아 배움의 기회를 가져야 하며, 그와 동시에 실제 관련 일을 하면서 배우는 실천형 학습이 모두 요구된다. 이른바 "실행을 통한 학습(learning by doing)"이 가장 현실적인 전략이다. 국제노동기구(ILO)의 보고서에 따르면, 50세 이후 커리어 전환자 중 65%는 공식 교육도 중요하지만 '경험 기반 학습'을 통해 직무 적응에 성공할 수 있다는 것을 보여 준다. 중장년의 커리어 전환은 "단순히 배워야 가능한 일"을 넘어, "하면서 배워야 가능한 일"이다.

경험의 자산화: 과거의 나와 새로운 나를 연결하라

중장년은 비록 주된 직장을 떠나, 새로운 커리어로 전환을 준비하는 시기이지만, 그렇다고 단순한 초보자가 아니다. 지난 20~30년간 쌓아 온 업무 지식과 경험, 사람과 관계 맺고 소통하는 노하우 등 축적된 자산이 있다. 새로이 시작하고자 하는 영역에 기존의 지식과 경험이 더해지면, 기존에 없던 새로운 강점으로 드러날 수 있고 '자신만의 역량 포트폴리오'로 활용할 수 있다.

심리학자 레이먼드 커텔(Raymond Cattell)의 연구에 따르면, 인간의 지능은 유동성 지능(fluid intelligence)과 결정성 지능(crystallized intelligence)으로 구분되며, 이 두 지능이 인간의 성장과 성숙 과정에서 작동되는 방식이 다르게 영향을 미친다. 유동성 지능은 창의적인 아이디어와 관련이 있고, 새로운 정보를 빠르게 처리하는 능력으로, 20대 중반에 정점에 이르며 그 이후에는 급격히 감소하는 특징을 보인다. 반면, 결정성 지능은 오랜 시간 축적된 지식 · 통찰 · 전문성을 기반으로 문제를 이해하고 해결하는 능력으로, 오히려 나이가 들면서 더 강해지는 지능이다. 따라서 중장년은 비록 유동성 지능은 약해지고 퇴화하지만, 기존의 경험과 통찰을 통해 더욱 빛날 수 있는 결정성 지능이 작동되는 시기로, 이러한 강점을 활용해 커리어 전환을 준비하고 활용할 필요가 있다.

중장년 이후의 새로운 커리어 전환 과정에서, 현실적으로 재취업은 제한적일 가능성이 크다. 미래에셋의 김경록 박사 연구에 따르면, 중장년이 주된 직장 퇴직 후 재취업 과정은 길어도 3년을 넘기기가 어렵다. 결국 다시 퇴직을 경험할 수밖에 없고, 또다시 커리어 전환을 준비할 수밖에 없다. 따라서 중장년 커리어 전환의 상당 부분은, 새로운 창직에 기반한 일로 구체화될 가능성이 크다. 이 과정에서 새로운 커리어는 결정성 지능을 활용한, 기존 지식과 경험, 전문성의 연결에서 구체화될 가능성이 크다.

AI를 자신의 도구로 만들기

중장년의 커리어 전환에서 가장 낯선 대상은 'AI'다. 그러나 AI는 경쟁자가 아니라 동반자이며, 자신의 경험과 전문성을 더욱 빛나게 활용할 수 있게 하는 증폭기가 될 수 있다. 핵심은 자신의 새로운 커리어에서 'AI를 충분히, 꽤 잘 다루는 사람이 되는 것'이다. 지금은, 또 미래는 반드시 AI와 일하는 능력을 '기본 소양'으로 요구한다. 이때 필요한 것은 코딩이 아니라, 업무 도구로 AI를 '어떻게 활용할 것인가'에 대한 실행 역량이다.

MIT 슬론 경영대학원의 2023년 연구는, "AI를 자신의 일에 활용하는 직원들이 승진 속도나 성과 면에서 압도적 우위를 보인다"라고 분석했다. 결국 AI를 아는 것이 아니라, AI를 쓰는 사람이 되는 것이 관건이다. AI를 잘 활용한다는 것은 기술적 코딩 능력이 필요한 것이 아니라, 일의 본질을 이해하고 새로운 문제 인식을 갖고 질문하며 새로운 가치를 찾아가는 역량에 따라 질이 달라진다. AI는 질문의 질에 따라 다른 결과를 드러낸다. 그래서 AI 시대는 오히려 경험과 통찰, 전문성이 뛰어난 사람이 AI를 통해 더욱 생산성 있게 일하는 시대다. 나이가 들어 AI와 같은 디지털 기술을 사용하지 못하는 것이 아니라,나이 듦이 경험 · 전문성 · 통찰의 토대가 되어 더욱더 잘 사용할 수 있게 되고, 이로써 새로운 커리어 영역에서 자신만의 가치를 드러내는 강점으로 전환할 수 있다는 것이다.

새로운 학습 구조 만들기: 시간과 공간을 바꾸면 인생이 바뀐다

결국 중요한 것은 '몰입할 수 있는 학습과 준비할 수 있는 구조'다. 학습은 마음만으로 되지 않는다. 시간과 공간이 확보되어야 한다. 특히 중장년에게는 기존의 역할과 책임을 병행해야 하므로, 의도적으로 '학습 구조'를 설계하는 일이 매우 중요하다. 또한 이제는 신체적으로, 또 인지적으로도 학습에 소요되는 시간도 더 오래 소요될 수 있다. 그래서 중장년의 시기에는 오히려 집중해서 학습하는, 새로운 커리어 전환을 위한 '갭 이어'가 필요할 수 있다.

전통적으로 갭 이어는 젊은 층이 새로운 진로를 찾는 과정에서 여행이나 자기 성찰을 하는 기간으로 알려져 있지만, 100세 시대를 살아가는 오늘의 현실을 고려하면, 우리 삶의 전환 과정에서 갭 이어는 누구에게나 필요한 과정이고 전략이다. 일정 기간 주된 일을 줄이고, 집중적으로 자신이 하고자 하는 일을 준비할 수 있는 학습과 경험에 몰입해 보는 기회를 의도적으로 만들 필요가 있다. 갭 이어라고 해서 반드시 1년이 필요한 것은 아니고, 그 일에 몰입할 수 있는 의도적 구조를 일정 기간 확보하는 것이 핵심이다. 가령, 3개월 동안 교육 과정을 이수하며, 일주일에 하루는 관련 분야에서 자원봉사 또는 인턴처럼 활동해 보는 것도 현실적으로 매우 의미 있는 갭 이어 전략이다. 핵심은 '경험이 빠르게 쌓이는 설계'를 만드는 것이다. 이를 통해 단지 배우는 것을 넘어, "자신의 새로운 역할이 현실이 되는 흐름"을 만들어 낼 수 있다.

새로운 생산 자산 구축은 '자기다운 커리어'가 실현되는 기반이다. 그것은 지식의 재구성과 경험의 통합, 그리고 기술과의 연결로 이루어진다. 중장년은 더는 기존의 틀에 머물 수 없으며, 미래의 나는 지금의 행동으로 결정된다. 지금이야말로 '배우는 삶'을 다시 설계해야 할 시간이다.

참고문헌

임창현 외(2017). “학습민첩성(Learning Agility) 측정도구 개발 연구”. 《HRD 연구(구 인력개발연구)》, 19(2), 81~108쪽.

Chetty, K.(2023). AI literacy for an ageing workforce: Leveraging the experience of older workers. *OBM Geriatrics, 7*(3). doi:10.21926/obm.geriatr.2303243.

Edwards, E.(2025.4.24). Transferable skills in the AI Era: How your expertise remains valuable. LinkedIn. https://www.linkedin.com/pulse/transferable-skills-ai-era-how-your-expertise-remains-edwards-dv4gf

Flinders, K.(2025.5.16). Mid-career professionals must learn to understand and use AI as GenAI tips balance. *Computer Weekly*. https://www.computerweekly.com/news/366623871/Mid-career-professionals-must-learn-to-understand-and-use-AI-as-GenAI-tips-balance

Generation(2022). Building a future-ready workforce: AI and midcareer professional development. https://www.generation.org/news/building-a-future-ready-workforce-ai-and-midcareer-professional-development/

Generation(2024). *Age-proofing AI: Enabling an intergenerational workforce to benefit from AI*. https://www.generation.org/midcareer-report-2024/

Georgieff, A. & Hyee, R.(2022). Artificial intelligence and employment: New cross-country evidence. *Frontiers in Artificial Intelligence, 5*. doi:10.3389/frai.2022.832736

Sundararajan, A.(2025.4.22). Workforce capacity development and occupational transitions with dignity. Brookings. https://www.brookings.edu/articles/workforce-capacity-development-and-occupational-transitions-with-dignity/

Tandon, R.(2023.4.22). Can a mid-career professional switch to AI? Yes, and here's how. *Economic Times*. https://economictimes.indiatimes.com/jobs/mid-career/can-a-mid-career-professional-switch-to-ai-yes-and-heres-how/articleshow/99685819.cms?from=mdr

08
사회적 네트워크 연결을 통한 기회 창출

중장년의 커리어 전환은 논리나 계획만으로 이루어지지 않는다. AI와 자동화가 일자리를 재편하는 시대, 가장 중요한 자산은 기술만이 아니라, "누구와 연결되어 있는가"다. 특히 약한 연결은 중장년에게 새로운 기회를 여는 숨겨진 지렛대 역할을 한다. 커리어 전환 과정에서 관계 자산을 의도적으로 재설계하면 예측 불가능했던 기회를 만들어 낼 수 있다. 커리어 전환은 우연이 아닌, 계획된 설계의 결과다. 그리고 그 설계는 '누구와 연결될 것인가'라는 질문에서 시작된다.

AI와 한의학?

전환은 혼란에서 시작되지만, 연결에서 구체화된다

중장년의 커리어 전환은 자기 삶의 구조 전체를 다시 설계하는 과정으로, 매우 낯선 지대에 들어서는 과정이다. 그러다 보니, 이 과정에서 느끼는 혼란은 일시적인 불안이 아니라, 존재에 대한 깊은 질문으로 이어질 수밖에 없다. "내가 할 수 있는 일이 과연 여전히 있는가?", "나는 무엇으로 의미 있는 사람인가?", 이런 '존재 기반의 혼란'은 피해야 할 위기가 아니라, 새로운 성장의 출발점이다.

성인 학습 분야의 대가로 인정받는 잭 메지로(Jack Mezirow)는 성인들이 새로운 커리어 전환 과정이 곧 전환 학습(transformative learning)이라고 강조한다. 성인의 진짜 학습은 단순한 정보 획득이 아니라, 자기 정체성과 세계관의 재구성이며, 이 전환은 언제나 '혼란(disorientation)'에서 시작된다고 말한다. 그렇다면 이 혼란을 어떻게 극복할 수 있을까? 커리어 전환 과정에서 직면하는 혼란은 '논리'만으로 해소되지 않는다. 오히려 이 시기에 가장 중요한 것은 관계 속 대화다. 누구와 대화하느냐에 따라 전환의 속도와 방향이 달라진다.

하버드 비즈니스 스쿨 교수를 거쳐 현재 런던 비즈니스 스쿨 조직 행동학 교수인 허미니아 이바라(Herminia

Ibarra)는 중장년의 경력 전환 시 정체성은 내면에서 혼자 만드는 것이 아니라, 사회적 실험(social experimentation)과 타인과의 관계를 통해 형성된다고 주장하였다. 이는 단순히 피드백을 주고받는 것이 아니라, 자신이 가진 생각과 감정을 타인의 언어를 통해 비추어 보며 자신을 새롭게 이해하고 구성하는 과정이기 때문이다. 중장년은 자신의 가능성을 '내 안'에서만이 아니라, '관계 속에서' 발견하게 된다. 정체성은 혼자서 떠올리는 아이디어가 아니라, 누군가에게 말할 때 생기는 현실이 된다.

중장년은 오랫동안 자신을 특정 역할(예: 팀장, 회계 전문가 등)에 묶어 두고 살아왔다. 그래서 커리어 전환 과정에서 "앞으로 무엇을 할 수 있을까?"라는 질문은 "나는 누구인가?"라는 더 근본적인 질문으로 이어진다. 이 질문에 혼자 답하는 것은 거의 불가능하다. 왜냐하면 지금까지의 정체성은 사회적 역할을 통해 만들어졌기 때문이다.

캐나다 중장년이 수십 년간 몸담은 주된 직장을 떠날 때, 단순히 '직업'만을 잃는 것이 아니다. 이는 자신을 규정해 온 핵심 역할과 사회적 정체성의 상실을 동반한다. 허미니아 이바라 교수에 따르면, 경력 전환 과정에서 사람들은 기존의 자아를 해체하고 새로운 역할 정체성을 탐색하며 '가능한 자아(possible selves)'를 실험한다고 강조한다. 이때 정체성의 재구성은 고립된 개인 내에서 이루어지는 것이 아니라, 타인의 기대와 인정을 통해 형성된다. 결국, 커리어 전환은 나를 다시 '가능한 존재'로 바라봐 주는 타인의 시선 속에서 출발한다.

기회는 약한 연결에서 온다

중장년 커리어 전환의 결정적 기회는 의외로 '가깝지 않은 사람'에게서 올 가능성이 크다. 익숙한 사람들과의 관계는 안정감을 주지만, 새로운 기회를 제공하는 데는 한계가 있다. 반면, 오래 연락하지 않았던 지인, 예전에 스쳐 간 동료, 동문 모임에서 한두 번 마주친 사람처럼 '약한 연결(weak ties)'은 낯설지만, 오히려 그 낯섦 덕분에 새로운 정보와 기회를 열어 준다.

사회학자 마크 그래노베터(Mark Granovetter)는 미국 직장인 대상으로 그들의 구직 경로를 추적한 연구를 발표했다. 놀랍게도 응답자 대부분이 "직업 정보를 가까운 친구나 가족이 아닌, 가끔 연락하는 지인으로부터 얻었다"라고 응답했다. 그는 이 현상을 "약한 연결의 강점(the strength of weak ties)"이라고 명명하며, 강한 유대(strong ties)가 정보를 중복시키는 반면, 약한 유대는 새로운 세계와의 접속 경로가 된다고 강조했다. 이는 지금과 같은 AI 기반의 디지털 사회에서도 여전히 유효하다. 특히 경력의 전환기에서 새로운 기회를 모색하는 중장년에게는 '낯선 연결'이야말로 다음 단계를 여는 열쇠가 된다.

중장년은 대체로 특정 산업, 조직, 역할에 오랜 시간 몸담아 온 사람들이다. 이는 전문성과 신뢰를 축적한 자산이기도 하지만, 한편으로는 관계의 범위가 특정 집단에 고착되어 있을 가능성이 크다. 퇴직과 동시에 자연스럽게 사라지는 관계들, 연락이 끊긴 인맥들 속에서 새로운 가능성을 찾기는 어려워진다.

하지만 약한 연결은 이 고립을 뚫고, 다른 업종, 다른 세대, 다른 지역으로 연결되는 다리가 될 수 있다. 예를 들어, 오랜 금융업계 경력자가 환경 NGO에서 활동하던 지인의 소개로 지속 가능 금융 관련 프로젝트에 참여할 기회를 갖기도 하고, 인사 전문가가 예전에 자격증 교육에서 함께 공부했던 사람과의 연락을 통해 스타트업의 조직 문화 컨설팅에 합류해 새로운 전환을 맞이하기도 하는데, 이는 모두 약한 연결이 만들어 낸 전환의 출구다.

하버드 비즈니스 스쿨, MIT 슬론 경영대학원, 스탠퍼드 대학 등은 최근 소셜 네트워크 플랫폼인 링크드인

(LinkedIn) 데이터를 활용한 연구를 통해 "약한 연결이 취업, 전직, 이직 등 커리어 이동성에 실질적인 기여를 한다"는 점을 실증적으로 입증하고 있다. 한 연구에 따르면, 링크드인에서 수백만 명의 사용자 데이터를 분석한 결과, 약한 연결(1촌 친구의 친구)의 추천이 강한 연결(직접 친구)보다 새로운 취업 기회로 이어질 확률이 더 높다고 보고했다. 이는 특히 새로운 산업 분야로 전환을 시도하는 중장년에게 중요한 메시지를 준다. "지금까지 내가 알던 사람"보다 "내가 몰랐던 사람을 연결해 줄 수 있는 사람"이 다음 커리어의 디딤돌이 될 수 있다는 것이다.

그렇다면 어떻게 약한 연결을 통해 중장년의 커리어 전환의 실질적 기회를 창출할 수 있을까? 첫째, 잠자고 있는 인맥(dormant ties)을 다시 살펴볼 필요가 있다. 예전에 함께 일했던 동료, 교육 수료자, 프로젝트 파트너 등 오랜 시간 연락하지 않았지만 관계의 기억은 남아 있는 사람들에게 간단한 안부 메일이나 메시지를 보내는 것부터 시작해 볼 수 있다. "오랜만에 소식 듣고 싶어졌다"는 말 한마디가 관계의 재시작이 된다. 둘째, 공통의 관심사를 중심으로 새 연결을 시도하는 것도 매우 중요하다. 과거에는 업무와 상관없다고 생각했던 취미, 지역 커뮤니티 활동 등이 새로운 연결의 플랫폼이 된다. 특히 관심사가 분명한 커뮤니티(예: 기후 변화, AI 활용 교육, 커리어 전환 스터디)에서는 약한 연결을 맺기 훨씬 수월하다. 셋째, '기여' 관점에서 접근하면 새로운 기회를 만날 수 있다. 약한 연결을 만드는 데에 가장 좋은 방식은 도움을 요청하는 것이 아니라, 작게 기여할 수 있는 여지를 만드는 것이다. 예를 들어, "당신의 조직이 진행 중인 프로젝트에 관심이 있는데, 제 경험이 도움이 될 수 있는 부분이 있을까요?"라는 방식은 일방적인 요청보다 훨씬 긍정적인 반응을 이끌어 낸다. 넷째, 두 번째 연결(second-degree tie)을 체계적으로 관리하는 것이다. 링크드인, 브런치, 이메일 네트워크 등에서 자신의 핵심 키워드와 관련된 사람의 '2촌'에 주목해 볼 필요가 있다. 직접 연결된 사람보다도, 그들의 연결망에 있는 사람이 더 넓은 기회의 지형을 제공할 가능성이 크다. 필요한 경우 소개를 요청하거나, 콘퍼런스나 웨비나에서 '우연한 만남'을 전략적으로 활용할 수도 있다.

중장년의 기회는 예측이 아니라 연결에서 온다

커리어 전환은 '관계의 우연'에 기대기보다 '관계의 전략적 설계'에서 출발해야 한다. 많은 중장년은 "운 좋게 누군가의 소개로 기회를 얻었다"라고 말하지만, 실제로 그 기회는 미리 준비된 관계 자산 위에 쌓인 우연이다. 새로운 연결을 의도적으로 설계하고, 관계 자산을 전략적으로 관리하는 것은 더는 선택이 아니라, 전환 시대의 필수 역량이다.

재무 자산처럼, 관계 자산도 목적에 따라 구성되고, 지속적으로 리밸런싱(Rebalancing)되어야 한다. 실제 MIT 연구에 따르면, 직업 전환 성공률이 높은 사람들의 특징 중 하나는 정기적으로 네트워크를 진단하고 재구성한다는 점이다. "지금 내 관계망은 얼마나 다양성을 갖추고 있는가?"

"새로운 산업, 역할, 기술과 연결된 사람이 내 네트워크 안에 존재하는가?", "내가 주기적으로 교류하는 사람들은 어떤 정보와 기회를 주고 있는가?", 이러한 질문을 기반으로, 관계 자산도 현금성 자산(빠르게 연락할 수 있는 사람), 중장기 자산(잠재 기회를 가진 인물), 투자성 자산(새롭게 연결해야 할 인물)으로 나누어 전략적 관계 리포지셔닝을 할 수 있다.

관계를 설계하고 확장한다는 것은 새로운 전략이 아니다. 오히려 중장년이 가장 잘할 수 있는 영역이다. 수십 년간 축적해 온 경험과 통찰은, 단지 직장에서만 유효한 것이 아니라 다른 세대와 업계와의 대화에서 '의미'를 만들어 낼 수 있는 자산이다.

중장년의 커리어 전환은 우연에 기반한 타이밍이 아니라 의도된 설계의 결과다. 설계의 핵심은 언제나 '사람'이다. 기존의 강한 연결에서 지지를 얻고, 약한 연결에서 기회를 얻고, 전략적 설계를 통해 관계망을 넓히려는 의도된 노력이 필요하다. 이 모든 것은 지금, 자신의 관계 자산을 어떻게 바라보느냐에서 시작된다.

작은 실천이 미래의 기회를 바꾼다

"나는 인맥이 약하다"라고 말하는 중장년은 많지만, 실제로는 이미 존재하는 인맥을 다시 꺼내 쓰지 않았을 뿐인 경우가 많다. 기억하고, 진심을 담아 다시 인사하고, 그 안에서 기회를 설계한다면, 지금까지 살아온 시간 자체가 '커리어 전환의 자산'이 될 수 있다. 지금 이 순간, 가장 먼저 할 수 있는 일은 다음과 같다. 스마트폰 연락처를 열고, 마지막으로 연락한 시점이 3년 이상 된 사람 10명을 골라, 그중 가장 먼저 떠오른 사람 3명에게 짧은 안부 인사를 보내고, 또 그중 1명과, 다음 주 커피 약속을 해 보는 것이다. 커리어 전환은 거창한 계획이 아니라, 이렇게 작은 관계의 '재연결'에서 시작된다. 그리고 더욱 중요한 것은, 지금부터의 삶의 모든 여정이 이러한 관계 자산을 구축하는 과정인 만큼, 자신이 다른 사람의 연결에 기꺼이 도움의 기회를 만들어 주고, 또 자신도 그러한 연결망에서 기회를 찾고 만드는 의도적 노력이 필요하다.

참고문헌

권일진 외(2020). 《50+ 세대의 진로전환 사례 연구》(50+당사자연구 20-03). 서울시50플러스재단. https://50plus.or.kr/upload/im/2021/01/1b0c673d-5d12-4bbd-97de-e85d3b24f90d.pdf

위영은·이희수(2015). "재취업 및 퇴직교육 프로그램 참가자의 전환행동 분석". 《농업교육과 인적자원개발》, 47(2), 47~71쪽.

Anderson, M. M. D. M. et al.(2021). Career transition of middle-aged professionals. *Revista de Administração da UFSM, 14*(1), pp.63~78. doi:10.5902/1983465963592

Granovetter, M. S.(1973). The strength of weak ties. *American Journal of Sociology, 78*(6), pp.1360~1380.

Ibarra, H.(2003). *Working identity: Unconventional strategies for reinventing your career.* Harvard Business Review Press.

Lassebie, J.(2023). Skill needs and policies in the age of artificial intelligence. In OECD(eds.), *OECD employment outlook 2023*(pp.155~181). OECD Publishing.

Mezirow, J.(1997). Transformative learning: Theory to practice. *New Directions for Adult and Continuing Education,* (74), pp.5~12.

09
액션 퍼스트, 실행에서 시작되는 전환

커리어 전환은 삶의 방향과 정체성을 새롭게 정의하고, 이전과는 다른 방식으로 일과 의미를 연결하는 과정이다. 많은 중장년은 커리어 전환 과정에서 “언제 시작할 것인가”를 고민하며 머뭇거린다. 그러나 커리어 전환은 사전에 완성된 계획으로 시작되는 것이 아니라, 실행이 계획을 만든다. 실행을 통해서만 자신에게 맞는 커리어, 진짜 정체성을 발견하게 된다. 결국 커리어 정체성은 생각이 아니라 행동을 통해 진화한다. 중장년의 커리어 전환은 ‘계획 후 실행’이 아닌, ‘행동을 통한 설계’가 되어야 한다.

AI와 화장품?

완벽한 준비보다 중요한 것은, 지금 가능한 작고 구체적인 행동이다

많은 중장년은 커리어 전환을 앞두고 '충분히 준비되면 시작하겠다'고 말한다. 그러나 이 말은 사실, 불확실성과 실패에 대한 두려움이 드러내는 심리적 방어 기제의 다른 얼굴일 수 있다. 완벽한 준비는 환상에 가깝다. 커리어 전환에서 진짜 중요한 것은 작은 행동을 통해 가능성을 실험해 보는 것, 바로 액션 퍼스트다.

런던 비즈니스 스쿨의 조직 행동 교수인 허미니아 이바라(Herminia Ibarra)는, "커리어 정체성은 계획이 아니라 실험을 통해 형성된다. 사람들은 먼저 행동하고, 그 경험을 통해 자신이 누구인지, 무엇을 잘하고, 무엇에 의미를 느끼는지 알게 된다"라고 강조한다. 즉, 내가 새롭게 시도하려는 일이 나에게 맞는지, 잘할 수 있을지는 아무리 계획을 세워도 충분히 알기 어렵다. 직접 해 봐야만 실제의 자신과 일의 성격이 서로 맞물리는지를 확인할 수 있다. 특히 AI 시대와 같이 변화 속도가 빠르고, 불확실성이 전제될 수밖에 없는 상황에서는 실행을 통해 준비하는 사람이 훨씬 유리하다. 커리어는 머릿속에서 디자인되는 것이 아니라, 행동 속에서 진화된다.

AI 시대, 실행의 방식도 바뀌었다

AI는 일하는 방식뿐 아니라 '실행의 방식'까지 바꾸고 있다. 과거에는 새로운 일을 시작하려면 사람을 만나고, 서류를 만들고, 실제 현장에 가야만 했다. 그러나 지금은 AI와 디지털 기술을 활용하면, 생각한 아이디어를 훨씬 빠르게 실현하고 실험해 볼 수 있는 환경이 갖춰졌다. 실행의 진입 장벽이 낮아진 시대, 바로 이것이 AI 시대의 기회이자 과제다.

AI 시대의 또 다른 특징은 행동과 학습이 더 이상 구분되지 않는다는 점이다. 학습의 경계가 무너졌다는 점이다. 무엇인가를 시도하는 과정이 곧 학습이며, 이를 반복하는 과정에서 실력을 갖추게 된다. 과거에는 배우고 나서 써먹는 것이 학습이었다면, 중장년 시기에는 실행하면서 배우는 것이 표준이다. AI는 실행의 단위를 줄이고, 속도를 높이고, 확장을 가능하게 한다. 이는 린 스타트업(lean startup)의 철학과도 맞닿아 있다. 린 스타트업에서는 "완벽한 제품이 아니라 최소 기능 제품(minimum viable product, MVP)"을 먼저 만들어 시장 반응을 테스트한다. 중장년 커리어 전환도 마찬가지다. 실행은 더는 '완성된 무언가'를 의미하지 않는다. AI는 준비되지 않은 사람도, 준비된 것처럼 실행해 볼 수 있는 환경을 제공한다.

중장년이 AI를 활용해야 하는 이유는 단순히 '트렌드를 따라가기 위해서'가 아니다. 핵심은 AI가 실행을 가속화하고, 결과를 확장하는 능력을 제공하기 때문이다. 동일한 시간에 더 많은 결과물을 만들어 낼 수 있고, 피드백을 더 빠르게 받을 수 있으며, 작은 실행을 더 넓은 세상에 전달할 수 있는 경로가 열려 있다. 커리어 전환을 위한 실행은 더는 대규모 프로젝트나 직업 훈련만을 의미하지 않는다. AI 시대의 실행은 '소규모 실험, 반복 실행, 빠른 전환'의 방식으로 진화하고 있다. 지금 당장 가능한 '작은 실행'을 시작하는 것이 중요하다. 그것이 AI 시대, 중장년의 커리어 전환을 열어 주는 가장 확실한 방법이다.

작은 실험이 새로운 정체성을 만든다

액션 퍼스트 전략은 무턱대고 지금 일을 그만두라는 말이 아니다. 핵심은 '작은 실험'이다. 현실을 유지한 채, 위험을 최소화하며 새로운 가능성을 탐색하는 것이다. MIT의 커리어 개발 연구는 이를 "커리어 프로토타입(career prototypes)"이라 부른다. 작은 실험은 거창하지 않지만, 당장 실천해 볼 수 있는 지점에서 시작한다. 가령, 주말이나 저녁 시간을 활용한 부업 또는 단기 프로젝트에 참여하거나, 관심 분야의 무료 또는 저비용 강의를 수강해 볼 수도 있다. 또한 자원봉사나 프로보노 활동에 참여하기도 하고, 단기 인턴십을 수행할 수도 있다.

서울시50플러스재단의 연구에 따르면, 커리어 전환에 성공한 중장년 중 다수가 이러한 '작은 실험'을 통해 자신의 적성과 가능성을 확인했다고 한다. 새로운 커리어는 생각 속에서가 아니라, 실험 속에서 자란다. 우리의 정체성도 그렇게 조금씩 이동한다.

중장년의 커리어 전환은 단순한 '직무 변화'가 아니다. 그것은 정체성의 재설계이며, 한 사람의 삶의 방향과 의미를 다시 설정하는 일이다. 그리고 이처럼 중대한 전환은 한순간에 완성되지 않는다. 작은 실험을 통해 '내가 누구인지'에 대한 감각을 새롭게 확인하고 확장하는 과정이 필요하다. 작은 실험이 중요한 이유는 단지 쉬워서가 아니다. 특히 중장년의 커리어 전환에서는 감정적 안정, 리스크 관리, 자원 효율성 등 새로운 일에 모든 자원을 투입하는 대신에, 한두 번의 파일럿 경험만으로도 가치 여부를 검증할 수 있다. 또한 빠른 피드백을 받을 수 있다. 작게 실행하면 즉시 반응을 확인할 수 있어, 다음 방향을 빠르게 조정할 수 있다. 이것이 바로 '실험적 접근(experiential approach)'의 강점이다. 정체성은 내가 누구인지 '생각하는 것'이 아니라, 내가 무엇을 '하고 있는가'를 통해 정의된다. 그리고 이 정의는 오직 작은 실행을 통해서만 가능하다.

실행을 위한 구체적 전략

중장년의 커리어 전환에서 '행동'은 선택이 아니라 생존을 위한 전략이다. 그러나 실행이 중요하다고 해서 무작정 뛰어들 수는 없다. 더 효과적이고 지속 가능한 실행을 위해서는 전략적인 프레임이 필요하다. 특히 AI 시대라는 전환기에는 행동의 '형식'과 '의도' 모두가 새롭게 설계되어야 한다.

이를 위해 다음과 같은 몇 가지 구체적 접근을 시도해 볼 수 있다. 첫째, 가능성 질문하기. "내가 가진 역량 중, 어디에 전환 가능성이 있을까?" 이 질문을 던지며, 핵심 역량, 내가 좋아하는 일, 과거 성취 경험을 분류해 보고, 그 교차 지점을 탐색해 본다. 둘째, 작은 시나리오 실행하기. AI 시대는 직무의 경계가 모호해지고 있다. 하루 30분씩이라도 자신의 관심 분야의 콘텐츠를 분석하거나, AI로 가상의 프로젝트를 기획해 보며 시나리오를 검증해 보자. 셋째, 실행 친구 만들기. 커리어 전환은 혼자

하기 어렵다. 같은 목표를 가진 동료를 찾아, 매주 한 가지 실험을 함께해 보는 실행 그룹을 만들어 보자. 커뮤니티가 곧 실행의 연료가 된다. 넷째, 포트폴리오 만들기. AI 시대에는 말보다 '무엇을 해 봤는가'가 더 중요하다. 실행의 결과물을 기록하자. 소규모 강의, 브런치 글, 기획안, 결과 보고서 등 어떤 것도 좋다. 자신의 실행 이력을 시각화한 포트폴리오가 새로운 기회를 만든다.

AI는 인간의 경험과 판단을 대체하는 것이 아니라, 증폭하는 도구다. 하지만 아무것도 하지 않으면 증폭될 것도 없다. 그런 의미에서 액션 퍼스트는 더는 선택이 아니라 필수다. 이제는 '은퇴 후 준비하는 전환'이 아닌, '지금 당장 실천하는 실험'이 필요하다. 작고 안전한 시도부터 시작하는 과정을 통해 새로운 길을 만들고, 그 길에서 새로운 커리어의 주인이 될 수 있다.

참고문헌

권일진 외(2020). 《50+ 세대의 진로전환 사례 연구》(50+당사자연구 20-03). 서울시50플러스재단. https://50plus.or.kr/upload/im/2021/01/1b0c673d-5d12-4bbd-97de-e85d3b24f90d.pdf

Chui, M. et al.(2023). *The economic potential of generative AI: The next productivity frontier*. McKinsey & Company.

https://www.mckinsey.com/capabilities/mckinsey-digital/our-insights/the-economic-potential-of-generative-ai-the-next-productivity-frontier#/

Dawson, N.(2021). *Changing labour market dynamics in Australia: skill shortages, job transitions, and artificial intelligence technology adoption.* Doctoral thesis, University of Technology Sydney.

Ibarra, H.(2015). *Act like a leader, think like a leader.* Harvard Business Review Press.

Ibarra, H.(2023). *Working identity, updated edition, with a new preface: Unconventional strategies for reinventing your career.* Harvard Business Review Press.

Knight, L.(2017.12.5). Changing career in mid-life is just a series of scary experiments...easier said than done!. https://www.linkedin.com/pulse/changing-career-mid-life-just-series-scary-said-than-done-knight

10
새로운 사회 생태계 디자인

중장년의 커리어 전환은 개인만의 문제가 아니라 기업, 평생 교육 기관, 정부와 함께 고민하고 해결해야 할 사회적 이슈다. 기업은 중장년이 축적한 경험과 전문성을 새로운 방식으로 활용할 수 있도록 일의 구조를 재설계해야 하며, 평생 교육 기관은 중장년의 특성과 현실에 맞는 학습 설계를 제공해야 한다. 또한 정부는 복지 중심의 지원을 넘어서 커리어 전환 생태계를 구축하고, 제도적 · 재정적으로 이를 지원할 수 있는 역할을 고민해야 한다.

종교와 AI?

개인의 의지가 아닌, 구조의 문제로 드러나는 중장년의 현실

AI 시대가 본격화되면서 많은 중장년이 커리어 전환의 문 앞에 서 있다. 그러나 이 전환은 개인의 결심만으로 감당하기에는 너무 복잡하고 무겁다. 기술은 빠르게 진화하고 있고, 일터는 그에 발맞춰 변하고 있으며, 기업은 경쟁력을 이유로 더 민첩하고 유연한 인재를 원한다. 그 누구보다 조직을 오래 경험했고, 관계의 네트워크를 쌓아 왔으며, 위기를 넘긴 내공이 있는 이들이 바로 중장년이지만, 새로운 커리어 전환 과정에서 직면한 현실은 만만치 않다. 문제는 그들이 부족해서가 아니라, 커리어 전환을 지원하는 사회적 시스템이 준비되어 있지 않다는 데에 있다.

중장년들이 전환을 원하더라도, 현재 사회는 그들이 전환할 수 있는 현실적 방법을 충분히 제공하지 못하고 있다. 정보 접근성, 시간 제약, 재정 문제, 조직의 인식 등 모든 측면에서 장벽이 존재한다. 의지가 부족한 것이 아니라, 이들을 위한 '실행 가능성'과 대안이 턱없이 부족하다. 이 문제는 단순히 '개인만의 문제'라기보다는, 사회 시스템이 시대 변화에 따라 함께 고민하고 대안을 만들어 가야 할 과제다.

기업은 더 오래 일하고 더 전문성을 축적할 수 있도록 구조화되어야 한다

AI 시대, 기업은 단순히 중장년이 '더 오래 일할 수 있도록' 허용하는 것을 넘어, 그들이 '더 경쟁력 있는 전문성을 축적할 수 있도록' 일의 구조 자체를 재설계해야 한다. 현재 많은 조직은 일정 연차가 지나면 자연스럽게 역할이 축소되고, 새로운 학습이나 도전에 대한 기회가 제한된다. 그 과정에서 자칫 중장년의 잠재력이 과소평가되기도 하고, 조직 내부의 경험 자산을 스스로 저하하는 결과를 낳기도 한다. 린다 그래튼(Lynda Gratton)이 말한 다단계 경력 사회에서는 경력의 마지막 단계가 곧 몰락이나 은퇴가 아니라 또 다른 전문성의 축적과 발휘의 시기로 전환되어야 한다. 가령, 중장년이 특정 분야의 심화 전문 지식과 경험을 기반으로 '내부 전문가'나 '지식 코치'로 전환되도록 일의 역할을 설계하거나, 기존의 관리직 중심 커리어 경로가 아닌 '전문직 트랙'을 강화해 경력 후반부에도 경쟁력을 유지할 수 있는 고민과 준비가 필요하다. 이미 우리의 인적 구조상 각 기업에는 고연차 구성원이 큰 비중을 차지할 수밖에 없고, 점차 많아질 수밖에 없다. 이런 맥락에서 이들이 더 몰입하고 경험과 전문성을 충분히 발휘하도록 하는 것은 기업 차원에서 생존과 성장을 위해 반드시 필요한 과정임과 동시에, 중장년층이 조직을 떠나 새로운 커리어로 전환하는 과정에서 지속적으로 경쟁력을 강화하게 하는 동력이 된다.

기업은 일의 배분과 성과 평가 기준을 재구성할 필요가 있다. 단기적 생산성과 속도 중심의 업무를 넘어, 경험 기반의 판단, 조직 내 관계 조율, 리스크 관리 등 중장년에게 적합한 고차원적 업무를 디자인하고 새로운 기회를 창출할 필요가 있다. 또한, 중장년이 지속적으로 성장할 수 있도록 사내 리스킬링 제도와 경력 전환 코칭을 병행하여, 자신의 역할을 재정의할 수 있도록 도와야 한다.

더 오래 일하는 시대는 단순히 은퇴 시점을 늦추는 것을 의미하지 않는다. 그것은 일의 내용이 달라지고, 경력의 축이 이동하며, 전문성이 계속해서 재구성되는 과정을 말한다. 기업은 이러한 흐름을 인지하고, 중장년이 더 오랫동안, 더 강한 전문성을 갖고 일할 수 있도록 일터를 설계해야 한다. 그것이야말로 조직과 개인 모두에게 지속 가능한 경쟁력을 제공하는 길이다.

평생 교육은 전 생애의 권리가 되어야 한다

AI 기술이 급속도로 발전하면서 산업 구조와 직업의 본

질이 빠르게 변화하고 있다. 이러한 변화 속에서 '평생 교육'은 선택이 아니라 생존과 적응을 위한 필수가 되었다. 그러나 오늘날의 교육 시스템은 여전히 3단계의 삶(교육-일-은퇴)에 머물러 있다. 대학이나 전문 교육 기관 대부분이 사회적 삶을 시작하는 20대 대상의 커리큘럼과 운영 방식에만 머물러 있고, 다시 새로운 커리어를 시작해야 하는 중장년층을 위한 체계적인 교육 시스템은 여전히 부족한 상태다. 이는 중장년층이 새로운 커리어를 준비하거나 전환하려 할 때, 실질적인 진입 장벽이 되며 학습에 대한 의지를 꺾는 요인이 된다. 중장년은 단순한 지식 전달이 아니라, 새로운 경험과 연결되어야 학습 동기가 유지된다. 따라서 중장년을 위한 평생 교육은 내용 · 방식 · 환경 등 모든 면에서 기존과는 다른 접근이 필요하다. 예를 들어, 기존 교육 방식이 아닌 프로젝트 기반 학습, 실무 중심 문제 해결, 동료와의 상호 학습 형태의 협력적 방식이 중장년에게는 훨씬 더 효과적이다. 또한 직장을 병행하거나 경제적 부담이 큰 이들을 위해 저녁 시간 운영, 주말 집중 과정, 온라인-오프라인 병행 등 유연한 학습 구조가 필수다.

대학을 포함한 평생 교육 기관은 인생의 중간 단계에서 재도전과 경력 전환을 위한 거점으로 기능해야 한다.

이를 위해 대학과 직업 교육 기관은 중장년 대상 맞춤형 커리큘럼을 개발하고, 경력 전환 코칭과 경로 탐색 프로그램을 함께 제공해야 한다. 특히 갭 이어 형태의 구조화된 재학습 기회는 중장년이 일시적으로 멈추고 배우며, 다음 경로를 준비할 수 있는 중요한 발판이 될 수 있다. 평생 교육은 이제 전 생애의 권리이자, 사회가 보장해야 할 공동의 시스템이다. 따라서 단지 학습을 '열어 두는' 것만으로는 부족하다. 실제로 학습이 가능하도록, 중장년의 삶과 조건에 맞춘 교육이 설계되어야 하며, 그들이 다시 배움의 주체로 설 수 있도록 학습의 문턱을 낮춰야 한다. 이를 통해 우리는 진정한 의미의 다생애 교육 사회를 구현할 수 있다.

정부는 복지 행정이 아닌 커리어 생태계를 설계해야 한다

중장년의 커리어 전환은 더는 개인의 의지나 선택의 문제가 아니다. 급격한 기술 발전과 산업 구조의 변화, 기대 수명의 연장으로 인해 대부분의 국민이 일생에 한 번 이상 커리어의 전환기를 맞이하게 된다. 이러한 변화에 대응하기 위해 정부는 단편적인 복지나 고용 보조를 넘어, '커리어 생태계'라는 거시적 틀에서 접근해야 한다.

즉, 일자리 정책과 교육 정책, 노후 지원 정책이 분절적으로 작동하는 것이 아니라, 통합적으로 설계되고 운영되어야 한다. 현재의 복지 시스템은 실업에 대한 보상, 단기 일자리 알선, 훈련비 지원 등에 머물러 있다. 이러한 노력도 중요하지만, 중장년에게 절실히 필요한 것은 단기적인 수당이 아니라, 미래 커리어를 재설계하고 재도전할 수 있는 구조적 기반이며, 이를 위한 토대는 정부의 정책적 지원하에서 가능하다. 특히 중장년층이 새로운 커리어 전환 과정에서 반드시 요구되는 새로운 역량을 학습하고 준비하기 위해서는 시간과 재원 투자가 필수적인데, 이는 지금 당장의 삶의 생존 조건 앞에서 매우 어려운 조건이 된다. 따라서 정부는 중장년이 미래 커리어 준비를 위한 갭 이어를 제도화하여, 일정 시점에 연금을 일부 활용해 학습에 투자하고, 이후 새로운 직무로 전환할 수 있는 경로 등을 설계하는 방식도 고려할 수 있다. 또한 정부는 중장년층을 위한 경력 전환 데이터와 플랫폼을 구축해야 한다. 예를 들어, 은퇴 이후 활동 중인 사람들의 직무 사례, 필요 역량, 진입 경로 등을 집대성한 정보 시스템을 구축하고, 중장년 맞춤형 진로 상담과 코칭 서비스를 제공함으로써 정보 비대칭을 해소할 수 있다. 이와 함께 기업, 대학, 지역 사회와 연계한 통합적

재취업 · 창직(job creation) 인프라를 구축해야 한다. 중장년의 커리어 전환은 국가 경쟁력과도 직결된다. 이들이 보유한 경험과 축적된 전문성은 국가 자산이며, 이를 지속 가능한 방식으로 활용할 수 있도록 설계하는 것이 정부의 책무다. 복지에 머무르지 않고, 기회의 생태계를 만드는 것, 이것이야말로 AI 시대에 정부가 나아가야 할 새로운 역할이다.

참고문헌

위영은 외(2016). "베이비부머 대상 직종개발 연구: 한국폴리텍대학을 중심으로". 《실천공학교육논문지》, 8(2), 147~155쪽.

한국고용노사관계학회(2023). 《중장년 일자리 지원 정책 특정성별영향평가》. 여성가족부. https://www.mogef.go.kr/mp/pcd/mp_pcd_s001d.do?mid=plc500&bbtSn=704995

Acemoglu, D. et al.(2022). The rise of age-friendly jobs. *The Journal of the Economics of Ageing, 23.* doi:10.1016/j.jeoa.2022.100416

Council of the European Union(2021). Council Resolution on a new European agenda for adult learning 2021 – 2030 (2021/C 504/02). *Official Journal of the European Union, C 504*, pp.9~24. https://eur-lex.europa.eu/legal-content/EN/TXT/?uri=oj%3AJOC_2021_504_R_0002

Gratton, L. & Scott, A.(2016). *The 100-year life: Living and working in an age of longevity*. Bloomsbury Publishing.

Ibarra, H.(2023). *Working identity, updated edition, with a new preface: Unconventional strategies for reinventing your career*. Harvard Business Review Press.

위영은

직업 교육, HRD(인적자원개발), 평생 교육 분야에서 전문성을 쌓아 왔다. 중앙대학교에서 HRD전공으로 박사학위를 취득한 후, 성인 학습, 교수 설계, 직업 교육을 중심으로 연구와 실천을 병행해 왔다. 웅진그룹과 PSI컨설팅에서 교육 과정 개발과 조직 교육 컨설팅을 수행하며 현장 기반의 역량을 축적했고, 국가평생교육진흥원에서는 평생 교육 정책 연구를 통해 국가 차원의 교육 전략 수립에 기여했다. 국가교육회의 전문위원으로 활동하며 고등 직업 교육 분야의 정책 제안에도 참여해 왔다. 현재는 한국폴리텍대학 서울정수캠퍼스 교수이자 직업교육연구원 연구개발처장으로 재직 중이며, 공공 직업 교육의 미래 방향을 모색하고, 중장년 경력 전환과 학습 생태계 구축을 위한 연구와 정책 개발에 주력하고 있다.

임창현

HRD(리더십, 전문 역량, 핵심 가치) 분야에서 오랜 커리어를 쌓아 왔다. 한양대학교에서 교육공학(학사, 석사)을 전공하고, 중앙대학교에서 리더십 디레일먼트 연구로 박사학위를 취득했다. AI 시대 변화에 따른 리더십과 자기다운 커리어를 디자인할 수 있도록 연구와 교육을 통해 성장을 돕고 있다. 미래에 지속적으로 성장하는 리더의 핵심 요건인 학습 민첩성을 연구하며, 이를 측정할 수 있는 진단 도구를 개발하고 연구를 지속해 오고 있다. 현재 SK 그룹의 미래 역량을 위한 학습 플랫폼

mySUNI(SK아카데미)에서 리더십 연구자로, 자기다운 성장을 지원하는 코치로 활동하고 있다.